W0250183

Végé sur le Gril

Végé sur le Gril

Colombe Plante

Copyright ©2018 Colombe Plante
Copyright ©2018 Éditions AdA Inc.
Tous droits réservés. Aucune partie de ce livre ne peut être reproduite sous quelque forme que ce soit sans la permission écrite de l'éditeur, sauf dans le cas d'une critique littéraire.

Éditeur: François Doucet
Révision linguistique: Féminin Pluriel
Correction d'épreuves: Émilie Leroux
Images de la couverture: ©Getty Images
Photographies: Kina Baril-Bergeron; © Getty
Images pour les pages:Gettyimages
Conception et mise en pages: Kina Baril-Bergeron
ISBN papier: 978-2-89786-540-5
ISBN PDF numérique: 978-2-89786-541-2
ISBN ePub: 978-2-89786-542-9
Première impression: 2018
Dépôt légal: 2018
Bibliothèque et Archives nationales du Québec
Bibliothèque et Archives Canada

Éditions AdA Inc.
1385, boul. Lionel-Boulet,
Varennes (Québec) J3X 1P7, Canada
Téléphone: 450 929-0296
Télécopieur: 450 929-0220
www.ada-inc.com
info@ada-inc.com

Diffusion
Canada: Éditions AdA Inc.
France: D.G. Diffusion
Z.I. des Bogues
31750 Escalquens — France
Téléphone : 05.61.00.09.99
Suisse: Transat — 23.42.77.40
Belgique: D.G. Diffusion — 05.61.00.09.99

Imprimé au Canada

Participation de la SODEC.

Nous reconnaissons l'aide financière du gouvernement du Canada par l'entremise du Fonds du livre du Canada (FLC) pour nos activités d'édition.
Gouvernement du Québec — Programme de crédit d'impôt pour l'édition de livres — Gestion SODEC.

Catalogage avant publication de Bibliothèque et Archives nationales du Québec et Bibliothèque et Archives Canada

Plante, Colombe, 1946-, auteur

Végé sur le gril / Colombe Plante.

ISBN 978-2-89786-540-5

1. Cuisine végétalienne. 2. Grillade. 3. Livres de cuisine. I. Titre.

TX837.P533 2018 641.5'636 C2018-940721-2

Je dédie cet ouvrage et rends grâce
À notre Mère, si précieuse, la Terre
Pour sa beauté, sa bonté, sa richesse
Aimons-la, respectons-la et protégeons-la

Table des matières

Chers lecteurs

Je tiens à témoigner ma plus grande reconnaissance à vous qui, depuis plusieurs années, assistez à mes conférences, mes cours et mes ateliers de cuisine, à vous qui me consultez ou achetez fidèlement mes livres.

Profitons des joies que nous procure la cuisine en plein air en explorant la cuisine Végé sur le gril, une manière simple et rafraîchissante de cuisiner des mets santé.

Je vous invite donc à venir découvrir, à travers ce recueil, des recettes simples et faciles à base d'ingrédients familiers. Varier nos menus au quotidien en ajoutant des aliments sains et naturels crée un bon équilibre et nous conduit assurément vers une santé optimale.

Qu'il s'agisse du petit déjeuner, du dîner ou du souper, vous aurez envie de chauffer votre barbecue à l'année. Il est à noter que le four conventionnel se prête aussi très bien aux recettes proposées dans ce livre de gastronomie végétalienne.

Remerciements

Je remercie mon éditeur, François Doucet, les membres de l'équipe des Éditions AdA, tous des gens de cœur, et spécialement Nycolas Doucet pour notre belle complicité. Je reconnais avec une profonde gratitude toutes les personnes qui ont collaboré de près ou de loin à la réalisation de ce livre ainsi que ceux et celles qui m'ont soutenue, encouragée et inspirée.

Merci de tout mon cœur.

Une pensée...

... de bénédiction pour notre mère, la Terre.

Arrêtons-nous un court instant pour bénir notre belle planète qui nous accueille et nous prodigue tant de bienfaits. Tous nos sens sont en ébullition devant le panorama qu'elle nous offre. Ses couleurs, ses odeurs et sa diversité nous émerveillent.

Nos corps (physique, émotionnel et spirituel) se nourrissent et se transforment à son contact. Elle possède toute la sagesse dont nous avons besoin. Prenons conscience du lien profond qui nous unit à notre mère, la Terre, respectons-la et aimons-la.

Avant-propos

Le barbecue, cette façon de cuisiner en plein air, nous fait vibrer dans la grande cuisine de la nature afin d'en apprécier les merveilleux bienfaits. Le barbecue fait partie de l'ère moderne et c'est un élément fort apprécié sur les patios, en camping ou même sur les petits balcons. La préparation des mets au barbecue va souvent de pair avec réunion de famille ou rencontre d'amis. C'est toujours un bon prétexte pour se réunir sans cérémonie, dans la joie, le plaisir et la détente.

C'est extraordinaire de découvrir que l'on peut cuire sur le gril de nombreux mets végétaliens très nourrissants et délectables. Surprenez les vôtres, brisez la tradition et faites place à la nouveauté en découvrant la grande variété d'aliments naturels. Je vous propose plusieurs recettes pour la préparation des repas de tous les jours ou pour les occasions spéciales.

Que ce petit guide gourmand vous apporte le bonheur, la joie et la santé de la vie en plein air. Le grand air aiguise l'appétit, alors amusez-vous et profitez de ces moments précieux.

À votre santé!

La magie de la nutrition

En choisissant des aliments sains, naturels et biologiques de préférence, nous favorisons toujours la guérison en profondeur de notre être et de notre corps physique.

La consommation abondante des légumes crus ou de fruits frais au début de chaque repas facilite la digestion en plus de neutraliser la somnolence liée à l'assimilation des aliments cuits.

Aujourd'hui, je sais que nous pouvons assurer notre équilibre, notre bien-être et notre joie de vivre en portant une attention soutenue à notre alimentation. Nous pouvons tous augmenter la proportion d'aliments crus ou légèrement cuits dans notre menu. L'important et la formule gagnante pour notre santé, c'est d'avoir une alimentation variée et équilibrée.

La mastication joue un rôle très important dans la digestion. Un aliment bien mastiqué et bien insalivé est à moitié digéré. Une mastication adéquate permet au reste du processus digestif de se poursuivre dans l'harmonie pour que nous en retirions ce qu'il y a de meilleur.

Ma qualité de vie aujourd'hui témoigne du succès de mon alimentation. Je souhaite, pour cette raison, vous transmettre mon amour pour la nourriture que la nature nous offre en abondance.

Je suis très heureuse à la pensée de vous faire profiter de ma longue expérience en cuisine santé, car je suis convaincue qu'un corps en santé signifie amour, harmonie et paix dans nos vies. Je souhaite de tout cœur vous inciter à opter définitivement pour une nourriture saine et régénératrice, en vous confiant les secrets de mon alimentation quotidienne.

Bon appétit !

Le barbecue et la santé

Personnellement, j'avais délaissé la cuisine au barbecue depuis de nombreuses années. En effet, au moment où j'ai changé mon alimentation, j'ai cessé de manger de la viande, et comme je ne cuisais que des grillades sur le barbecue, je ne l'utilisais plus. Je ne connaissais pas, à l'époque, toutes les possibilités de la cuisine sur le gril. Aujourd'hui, j'ai intégré dans mon alimentation les végétaux sous toutes leurs formes, fruits, légumes, céréales, légumineuses et je redécouvre la cuisine en plein air. À mon grand bonheur, le barbecue remplace tout simplement mon four.

Je n'utilise plus comme autrefois un gril au charbon de bois, qui nécessitait que l'on arrose les briquettes de combustible toxique. Je possède maintenant un appareil au gaz de 40 000 BTU. Ce qu'il faut éviter, quand on cuit des mets directement sur le feu, c'est que le gras entre en contact avec la flamme. Je veille minutieusement à ce que l'huile ou la tartinade végétale ne tombent pas sur les pierres chaudes.

Préparation du barbecue

La cuisson au barbecue est un procédé que l'on doit apprivoiser. Comme dans tout, c'est avec l'expérience que l'on s'améliore.

Avant de commencer la cuisson, s'assurer que les grilles sont bien propres, les huiler et les faire chauffer au moins 10 minutes avant la cuisson afin qu'elles soient brûlantes.

Par la suite, régler l'intensité du feu selon la température désirée et éviter de trop rapprocher les aliments afin d'en faciliter la manipulation et de permettre une cuisson plus uniforme.

Le barbecue à briquettes de charbon de bois est prêt lorsque les charbons sont recouverts de cendre grise à travers laquelle une lueur rougeâtre est perceptible. Il faut cependant prévoir 30 minutes ou plus avec ce type d'appareil. Ajuster la grille selon l'intensité de la chaleur recherchée en la déplaçant ou encore en dispersant les briquettes.

Il est préférable d'utiliser des ustensiles à longs manches et des mitaines isolantes lors de la manipulation des aliments afin de ne pas vous brûler.

Après chaque utilisation du barbecue, bien le nettoyer en utilisant un grattoir en bois conçu à cet effet, lequel est beaucoup plus sécuritaire que la brosse de métal. Cette dernière peut laisser des résidus métalliques sur les grilles et par le fait même sur la nourriture. Assurez-vous d'enlever tout résidu de nourriture.

Les accessoires

Des mitaines pour le four ou de longs gants isolants.

Des ustensiles à longs manches, y compris une spatule double pour tourner les croquettes ou les pains.

Une assiette à pizza trouée ou une grille à petits trous.

Un panier à légumes troué spécialement conçu pour la cuisson au barbecue. Il est recommandé de le préchauffer 10 minutes avant l'utilisation, après l'avoir huilé.

Des bâtonnets en bambou pour faire les brochettes. Selon moi, ils conviennent mieux aux brochettes végétaliennes. Pour éviter que les bâtonnets brûlent pendant la cuisson, il suffit de les faire tremper 30 minutes dans de l'eau froide.

De plus, le trempage permet d'enfiler plus facilement les légumes crus sur les bâtonnets.

Du papier d'aluminium.

Cuisson au barbecue ou au four conventionnel

J'utilise le barbecue comme s'il s'agissait d'un deuxième four, pour cuire ou griller. La préparation des aliments est essentiellement la même que pour la cuisson au four conventionnel. Je propose dans ce livre des recettes qui vont de l'entrée au dessert et conviennent à tout temps de l'année; on peut faire ces mêmes recettes au four conventionnel.

Si vous utilisez le four conventionnel, la température à utiliser est habituellement de 200 °C (400 °F). Placez votre grille dans le bas du four. Le temps de cuisson est habituellement le même pour le four ou le barbecue.

Pour le barbecue, il est important que l'appareil soit à la bonne température. Il faut le préchauffer pendant au moins 10 minutes avant de cuire les aliments. Selon les recettes, lorsque je cuis du pain ou des pâtisseries, par exemple, je ferme le feu sur un côté. Souvent, un feu suffit pour bien cuire ce genre de mets. Si, malgré tout, la cuisson est trop rapide, je la ralentis en recouvrant l'aliment de papier d'aluminium. Ceci empêchera l'aliment de brûler ou de trop rôtir.

Sauce d'assaisonnement passe-partout

Pour brochettes, burgers, et plus.

5 minutes 250 ml (1 tasse)

Ingrédients :

85 ml (⅓ tasse) de miso

15 ml (2 c. à soupe) d'huile de tournesol

125 ml (½ tasse) d'eau

5 ml (1 c. à thé) de sirop d'érable

30 ml (2 c. à soupe) de moutarde de Dijon

Poivre de Cayenne, au goût

Préparation :

Dans un petit bol, mélanger tous les ingrédients jusqu'à l'obtention d'une consistance crémeuse. Badigeonner les aliments de chaque côté avant et pendant la cuisson.

Cette sauce passe-partout peut aussi être utilisée dans les casseroles de légumes.

Vraiment délicieuse !

Le garde-manger des barbecues santé

Il est toujours préférable d'utiliser des aliments biologiques.

- Beurre de sésame (tahini)
- Boissons (de soya, de riz ou d'amande)
- Céréales (flocons de maïs style Corn Flakes, d'avoine, de riz, semoule de maïs)
- Fromage végétal
- Graines et noix (graines de sésame, de pavot, de tournesol, et amandes)
- Herbes et aromates (basilic, origan, thym, estragon, coriandre, poudre de cari et épices cajun)
- Huiles de première pression (de tournesol, d'olive et de sésame grillé)
- Jus de fruits (jus de pommes, d'orange et de fruits de la passion non sucré, concentré de jus de pommes, d'ananas et d'orange congelé non sucré)
- Ketchup aux tomates
- Lait de coco (de qualité supérieure, pour son côté plus crémeux)
- Légumineuses (pois chiches, fèves rouges, etc.)
- Levure alimentaire
- Miso (fait à partir de la fève de soya légèrement fermentée, il rehausse la saveur des aliments)
- Moutarde de Dijon
- Pâtes alimentaires (coquilles aux légumes ou autres pâtes de votre choix)
- Poivre de Cayenne
- Pour épaissir les sauces (tapioca moulu au moulin à café ou tapioca minute)
- Pour les desserts (essence de vanille, cannelle, clou de girofle, muscade, abricots séchés, chocolat noir ou brisures de caroube, sucre doré, ananas en conserve sans sucre ajouté)
- Riz basmati
- Sauce Bragg
- Sauce Tamari (peut remplacer la sauce soya)
- Sel de mer
- Sirop d'érable
- Soya crémeux
- Tartinade végétale
- Tempeh
- Tofu
- Vinaigre balsamique

Les boissons désaltérantes

Boisson aux pêches et aux kiwis

Un velouté de fruits frais.

5 minutes

1 l (4 tasses)

Ingrédients:

3 pêches ou 3 nectarines, dénoyautées et coupées en morceaux

3 kiwis, pelés et coupés en morceaux

500 ml (2 tasses) de jus de pommes non sucré

125 ml (½ tasse) d'eau

Préparation :

Au mélangeur, réduire tous les ingrédients jusqu'à l'obtention d'une consistance homogène.

Une boisson rafraîchissante à servir durant la saison estivale.

Petits et grands s'en délecteront !

Boisson mousseuse aux fraises et aux ananas

Refaites le plein d'énergie.

10 minutes 1,5 l (6 tasses)

Ingrédients :

750 ml (3 tasses) de fraises

½ ananas bien mûr, pelé et coupé en morceaux

85 ml (⅓ tasse) de concentré de jus d'ananas congelé non sucré

500 ml (2 tasses) d'eau

Préparation :

Au mélangeur, réduire tous les ingrédients afin d'obtenir une consistance onctueuse.

Une boisson riche en vitamine C.

L'ananas contient beaucoup d'enzymes, dont la broméline, qui agit sur la digestion des protéines.

Cette boisson est très désaltérante.

Limonade santé

Une limonade naturelle avec de la pulpe.

5 minutes 1,5 l (6 tasses)

Ingrédients:

1 citron, pelé et coupé en morceaux

3 oranges, pelées et coupées en morceaux

750 ml (3 tasses) d'eau

65 ml (¼ tasse) de concentré de jus d'orange congelé non sucré

85 ml (⅓ tasse) de concentré de jus d'ananas congelé non sucré

Préparation:

Au mélangeur, réduire tous les ingrédients jusqu'à l'obtention d'une consistance lisse et homogène.

Note: Vous pouvez diminuer le jus d'orange et augmenter le jus d'ananas ou l'inverse, et le goût sera différent.

Une douce caresse de fraîcheur estivale.

Punch frappé

Une véritable boisson naturelle.

5 minutes 1 l (4 tasses)

Ingrédients :

1 pamplemousse rose, pelé et coupé en morceaux

1 orange, pelée et coupée en morceaux

1 citron, pelé et coupé en morceaux

250 ml (1 tasse) de canneberges fraîches ou surgelées

500 ml (2 tasses) d'eau

250 ml (1 tasse) de concentré de jus d'ananas congelé non sucré

125 ml (½ tasse) de glaçons

Préparation :

Au mélangeur, réduire tous les ingrédients jusqu'à l'obtention d'une consistance homogène.

Servir immédiatement.

Variante : Les canneberges peuvent être remplacées par des fraises, des framboises ou des cerises préalablement dénoyautées.

Un plaisir tant pour les yeux que pour les papilles gustatives.

Orangeade

Du traditionnel au naturel.

5 minutes

1,25 l (5 tasses)

Ingrédients:

3 oranges, pelées et coupées en morceaux

1 citron, pelé et coupé en morceaux

750 ml (3 tasses) d'eau

125 ml (½ tasse) de concentré de jus d'orange congelé non sucré

10 abricots séchés, hachés

Préparation :

Au mélangeur, réduire tous les ingrédients jusqu'à l'obtention d'une consistance lisse et homogène.

Une orangeade vraiment saine et nutritive, riche en vitamine C.

Punch à la mangue

Les enfants en raffolent.

5 minutes — 1,25 l (5 tasses)

Ingrédients:

1 mangue, pelée et coupée en morceaux

750 ml (3 tasses) de jus de fruits de la passion non sucré

250 ml (1 tasse) de fraises fraîches ou surgelées

125 ml (½ tasse) d'eau

Préparation:

Au mélangeur, réduire tous les ingrédients afin d'obtenir une belle consistance lisse et onctueuse.

Variante: Remplacer la mangue par une banane, le jus de fruits de la passion par du jus de pommes non sucré, les fraises par des framboises, des bleuets ou 2 pêches.

Refaites le plein d'énergie!

COUNTY FAIR

Les hors-d'œuvre

Banane plantain

Un canapé original.

5 minutes | 12 minutes | 2 portions

Ingrédients:

1 banane plantain bien mûre, pelée

65 ml (¼ tasse) de concentré de jus de pommes congelé non sucré

30 ml (2 c. à soupe) d'huile de tournesol

125 ml (½ tasse) de semoule de maïs

65 ml (¼ tasse) de chapelure

Sel de mer, au goût

Préparation:

Couper la banane plantain en tranches épaisses pour obtenir environ 9 tranches.

Dans un petit bol, mélanger le concentré de jus de pommes et l'huile de tournesol.

Dans un autre bol, mélanger la semoule de maïs, la chapelure et le sel de mer.

Tremper chaque tranche de banane dans la première préparation et ensuite dans la deuxième préparation.

Huiler une assiette trouée et y déposer les tranches de banane plantain.

Cuire de 10 à 12 minutes sur feu moyen-doux.

Prendre soin de tourner et de badigeonner les tranches de bananes avec le mélange de concentré de jus de pommes et d'huile pendant la cuisson.

Cuisson sur la cuisinière: dans une poêle avec un peu d'huile, à feu doux, environ 5 minutes de chaque côté.

Un goût à découvrir!

Note: Pour un goût moins sucré, remplacer le concentré de jus de pommes par de la boisson de soya.

Nachos croquants

Toujours appréciés et si faciles à préparer.

15 minutes | 5 minutes | 6 à 8 portions

Ingrédients :

1 sac de croustilles de maïs (style tortillas) à saveur barbecue

½ poivron rouge, haché

1 poivron vert, haché

½ oignon espagnol, haché, ou 3 oignons verts, hachés

1 tomate, coupée en tranches minces ou hachée

125 ml (½ tasse) de sauce tomate ou de sauce à spaghetti

Basilic, au goût

125 ml (½ tasse) de fromage végétal ou autre, râpé

Préparation :

Préchauffer le barbecue à feu moyen.

Placer suffisamment de croustilles de maïs pour couvrir une grande feuille de papier d'aluminium.

Garnir avec les légumes et recouvrir avec la sauce tomate ou la sauce à spaghetti. Aromatiser de basilic. Saupoudrer de fromage.

Déposer sur la grille du barbecue, fermer le couvercle et faire chauffer jusqu'à ce que le fromage soit fondu et que les nachos soient chauds. Bien surveiller, car les nachos brûlent facilement.

En entrée ou comme amuse-gueule, c'est toujours populaire.

Champignons farcis

Une entrée délectable.

15 minutes | 10 minutes | 4 portions

Ingrédients:

12 gros champignons

60 ml (4 c. à soupe) d'huile de tournesol ou d'olive

125 ml (½ tasse) d'oignon espagnol, haché finement

Tiges de champignons, hachées

30 ml (2 c. à soupe) de persil frais, haché

65 ml (¼ tasse) de chapelure

Sel de mer et poivre de Cayenne, au goût

Fromage végétal ou autre, râpé

Jus de citron

Préparation:

Préchauffer le barbecue à feu moyen.

Retirer les tiges des champignons délicatement sans les briser.

Dans un poêlon huilé, cuire l'oignon et les tiges de champignons juste assez pour les ramollir.

Retirer du feu. Ajouter le persil et la chapelure.

Farcir les têtes des champignons et garnir de fromage.

Au moment de servir, arroser de quelques gouttes de jus de citron.

Cuire sur le gril environ 10 minutes ou jusqu'à ce que les champignons soient chauds.

Cuisson au four: 230 °C (450 °F), sur la grille du centre, environ 10 minutes.

Un vrai régal!

Pelures de pommes de terre

De bon goût et si simples.

10 minutes | 8 à 10 minutes | 4 portions

Ingrédients:

4 moyennes pommes de terre, cuites avec la pelure et refroidies

85 ml (⅓ tasse) d'huile d'olive ou de tournesol

15 ml (1 c. à soupe) de moutarde de Dijon

15 ml (1 c. à soupe) de basilic

Sel de mer et poivre de Cayenne, au goût

Préparation:

Préchauffer le barbecue à feu moyen.

Couper les pommes de terre en 4 sur la longueur. Enlever la chair en prenant soin de laisser une pelure épaisse d'au moins 0,5 cm (¼ po). Réserver.

Dans un petit bol, mélanger le reste des ingrédients et à l'aide d'un pinceau, badigeonner l'intérieur des pelures.

Déposer les pelures sur une plaque à cuisson ou une assiette à pizza trouée. Dorer des deux côtés. Badigeonner avec le mélange d'huile pendant la cuisson.

Cuisson au four: sur une assiette à pizza trouée, 230 °C (450 °F), sur la grille du bas, environ 12 minutes ou jusqu'à ce que les pelures soient dorées.

Un hors-d'œuvre à essayer absolument, surtout quand on aime les pommes de terre en robe des champs.

Délicieux avec la Trempette au tofu soyeux, lait de coco et noix de cajou (voir la recette à la page 85).

Légumes à la panure de pois chiches

Une saveur angélique.

5 minutes 10 minutes 4 portions

Ingrédients:

190 ml (¾ tasse) de farine de pois chiches

5 ml (1 c. à thé) de poudre de cari

15 ml (1 c. à soupe) de basilic

30 ml (2 c. à soupe) de levure alimentaire

5 ml (1 c. à thé) de poudre d'oignon

Sel de mer et poivre de Cayenne, au goût

125 ml (½ tasse) d'eau

30 ml (2 c. à soupe) d'huile de tournesol

1 courgette, coupée en tranches

½ poivron, coupé en rondelles

1 oignon, coupé en rondelles

10 champignons, coupés en 2

Huile

Préparation:

Préchauffer le barbecue à feu moyen.

Dans un bol, mélanger les 7 premiers ingrédients. Creuser un puits au centre de la préparation, verser l'eau et l'huile préalablement émulsifiées et mélanger à nouveau.

Tremper les légumes dans cette préparation.

Huiler une plaque à cuisson, y déposer les légumes. Rôtir les légumes des deux côtés en les tournant à la mi-cuisson.

Cuisson au four: 200 °C (400 °F), sur la grille du bas, environ 10 minutes. Tourner à la mi-cuisson.

Note: La préparation pour tremper les légumes est encore meilleure lorsqu'elle est préparée quelques heures à l'avance ou la veille. Si le mélange devient trop épais, ajouter un peu d'eau avant de l'utiliser.

Un bouquet de saveurs qui se marient très bien. Vous serez surpris par la douceur de ce mets.

Croûtons à l'ail, au basilic et au thym

Pour ajouter du piquant à vos mets préférés.

10 minutes | 5 minutes | 1 l (4 tasses)

Ingrédients :

85 ml (⅓ tasse) d'huile d'olive

4 à 5 gousses d'ail, écrasées, ou 30 ml (2 c. à soupe) de poudre d'ail

2 ml (½ c. à thé) de thym

15 ml (1 c. à soupe) de basilic

Sel de mer et poivre de Cayenne, au goût

½ pain baguette de blé entier, coupé en dés

Préparation :

Préchauffer le barbecue à feu moyen.

Dans un petit bol, mélanger tous les ingrédients à l'exception du pain.

Étendre les dés de pain sur une plaque et à l'aide d'un pinceau, badigeonner les dés de pain avec le mélange précédent pour les assaisonner.

Cuire sur la plaque jusqu'à ce que les croûtons soient dorés. Remuer les croûtons souvent pendant la cuisson afin qu'ils ne brûlent pas.

Cuisson au four : 200 °C (400 °F), sur la grille du bas, environ 5 minutes.

Ces croûtons se congèlent très bien pour une période de 2 à 3 mois.

Pour rehausser vos hors-d'œuvre ou vos salades.

Les salades

Salade de pois chiches et de tofu

Idéale lors des journées plus fraîches d'été.

10 minutes

12 à 15 heures

1 h 30

4 à 5 portions

Ingrédients :

250 ml (1 tasse) de pois chiches, rincés

750 ml (3 tasses) d'eau

30 ml (2 c. à soupe) d'huile de tournesol ou d'olive

1 poivron vert, coupé en dés

½ poivron rouge, coupé en dés

½ branche de céleri, émincée

125 ml (½ tasse) d'oignon espagnol, haché finement

1 ou 2 tomates, coupées en dés

1 gousse d'ail, hachée finement

2 oignons verts, émincés

250 ml (1 tasse) de Tofu grillé au gingembre (voir la recette à la page 134)

5 ml (1 c. à thé) de poudre de cari

Sel de mer et poivre de Cayenne, au goût

Préparation :

Faire tremper les pois chiches dans 750 ml (3 tasses) d'eau de 10 à 15 heures. Jeter l'eau de trempage. Ajouter à nouveau 750 ml (3 tasses) d'eau et porter à ébullition. Réduire à feu moyen, couvrir et poursuivre la cuisson environ 1 h 30. Égoutter les pois chiches, ajouter le reste des ingrédients.

Variante : Le tofu peut être remplacé par du fromage végétal ou un autre de votre choix.

Cette salade se congèle. Dans ce cas, il est préférable de la décongeler au four à 120 °C (250 °F) jusqu'à ce qu'elle soit tiède.

Une salade à déguster froide ou légèrement réchauffée à la poêle.

Salade de maïs à la grecque

Vive la variété.

15 minutes

10 minutes

3 minutes

6 portions

Ingrédients:

5 épis de maïs ou 1 l

(4 tasses) de maïs surgelé

250 ml (1 tasse) de

blé boulgour

250 ml (1 tasse) d'eau chaude

125 ml (½ tasse) de fromage végétal ou autre, râpé

½ poivron rouge, coupé en dés

½ oignon rouge, haché finement

1 branche de céleri, émincée

12 olives noires dénoyautées, coupées en rondelles

5 ml (1 c. à thé) de basilic

Sel de mer et poivre de

Cayenne, au goût

30 ml (2 c. à soupe) d'huile d'olive ou de vinaigrette de votre choix

Tomates cerises

Préparation:

Dans une grande casserole d'eau bouillante, cuire les épis de maïs environ 3 minutes. Retirer les épis de la casserole. Laisser refroidir avant de les égrener. Réserver.

Si vous utilisez du maïs surgelé, le décongeler et le cuire légèrement dans un peu d'eau. Égoutter et réserver.

Rincer le blé boulgour à l'eau tiède dans une passoire. Déposer dans un petit bol et ajouter 250 ml (1 tasse) d'eau chaude. Laisser reposer 10 minutes, égoutter.

Dans un grand bol, mélanger délicatement tous les ingrédients à l'exception des tomates cerises. Ajouter l'huile ou la vinaigrette de votre choix.

Servir sur un nid de laitue et garnir avec des tomates cerises.

Cette salade est très nutritive et peut servir de repas.

Salade de coquilles aux légumes

Les pâtes et les légumes, un vrai festin.

15 minutes | 10 minutes | 4 portions

Ingrédients :

750 ml (3 tasses) de coquilles aux légumes

1 l (4 tasses) d'eau

30 ml (2 c. à soupe) d'oignons séchés

5 ml (1 c. à thé) de sel de mer

30 ml (2 c. à soupe) d'huile de tournesol

250 ml (1 tasse) de pois mange-tout, hachés

1 ou 2 tomates, coupées en cubes

85 ml (⅓ tasse) de céleri-rave, haché ou 1 branche de céleri, hachée

1 courgette, coupée en cubes

½ poivron rouge ou jaune, haché

2 oignons verts, hachés

Sel de mer et poivre de Cayenne, au goût

45 ml (3 c. à soupe) de Sauce onctueuse au cari (voir la recette à la page 79) ou une autre de votre choix

Préparation :

Dans une grande casserole, porter l'eau à ébullition avec les oignons séchés et le sel de mer. Ajouter les pâtes alimentaires et laisser bouillir 3 minutes.

Fermer le feu et laisser gonfler environ 5 minutes en brassant de temps en temps. Rincer à l'eau froide, égoutter.

Ajouter les autres ingrédients et mélanger avec la sauce onctueuse au cari ou celle de votre choix.

Note : Si vous préférez des pâtes plus tendres, laisser gonfler 5 minutes de plus.

Cette salade est meilleure lorsqu'elle a été réfrigérée de 1 à 2 heures avant de la consommer. Pour la rendre plus crémeuse, ajoutez un peu de boisson de soya ou de riz.

Salade de concombres et de courgettes

Quelle fraîcheur !

12 minutes | 1 heure | 4 à 6 portions

Ingrédients :

2 moyens concombres, coupés en dés

1 courgette jaune ou verte, coupée en dés

1 pincée de sel de mer

4 radis, émincés ou hachés

2 oignons verts, hachés

1 poignée de persil, haché

1 poivron orange ou rouge, haché

Basilic ou estragon, au goût

Poivre de Cayenne, au goût

Sauce à la Bragg (voir la recette à la page 84)

Préparation :

Dans un bol, mélanger les dés de concombre et de courgette avec le sel de mer. Laisser reposer environ 1 heure. Égoutter.

Ajouter le reste des ingrédients, mélanger délicatement et arroser avec la sauce à la Bragg.

Cette salade accompagne très bien les croquettes ou les végé burgers. La sauce à la Bragg rehausse agréablement le goût des salades ou des soupes.

Salade de pois mange-tout

Une salade originale.

10 minutes   4 portions

Ingrédients :

750 ml (3 tasses) de pois mange-tout, coupés en biseaux

500 ml (2 tasses) de chou vert, coupé en fines lanières

Eau bouillante salée

1 poivron vert, haché

1 branche de céleri, émincée

500 ml (2 tasses) de fèves germées

½ oignon espagnol, haché

85 ml (⅓ tasse) de noix de cajou, hachées grossièrement

Sauce à la Bragg (voir la recette à la page 50)

Luzerne

Préparation :

Ébouillanter les pois mange-tout et le chou vert pendant une minute. Égoutter.

Dans un grand bol, mélanger tous les ingrédients, sauf la luzerne et arroser avec la sauce à la Bragg. Garnir avec de la luzerne.

Une salade qui vaut le plaisir d'être dégustée.

Salade surprise

Goûtez la différence.

15 minutes

4 portions

Ingrédients :

1 pied de laitue frisée, déchiqueté

1 moyen concombre, coupé en tranches minces

1 branche de céleri, émincée

2 oignons verts, émincés

1 poignée de persil, haché

1 poignée d'épinards, déchiquetés

250 ml (1 tasse) de Tofu grillé au gingembre (voir la recette à la page 134)

125 ml (½ tasse) de fromage végétal ou autre, râpé

Sauce à l'avocat et à la pomme verte (voir la recette à la page 70)

Préparation :

Dans un grand bol, mélanger tous les ingrédients à l'exception de la sauce. Réserver.

Au moment de servir, arroser avec la sauce à l'avocat et à la pomme verte.

Variante : Il est possible de remplacer le tofu grillé au gingembre par du Tempeh grillé au Tamari (voir la recette à la page 132)

Tout à fait délectable !

Salade de légumes, tomate, tournesol et croûtons

Une salade fraîche et tendre qui plaît à tous.

15 minutes

4 à 6 portions

Ingrédients :

1 pied de laitue frisée ou 1 pied de laitue romaine, déchiqueté

6 champignons, coupés en morceaux

1 petit oignon rouge, coupé en tranches minces

4 radis, coupés en rondelles

½ concombre, coupé en dés

1 branche de céleri, émincée

1 tomate, coupée en dés

85 ml (⅓ tasse) de graines de tournesol

250 ml (1 tasse) de Croûtons à l'ail, au basilic et au thym (voir la recette à la page 38)

85 ml (⅓ tasse) de Sauce onctueuse au cari (voir la recette à la page 79) ou de vinaigrette de votre choix

Préparation :

Dans un grand bol, mélanger tous les ingrédients à l'exception des croûtons. Réserver.

Au moment de servir, ajouter les croûtons ainsi que la sauce onctueuse au cari.

Une salade succulente qui constitue un excellent repas, et idéale pour les pique-niques.

Salade aux couleurs chaudes

Une salade grillée, quelle différence.

20 minutes

4 portions

Ingrédients :

1 courgette, coupée en juliennes

½ oignon espagnol, coupé en tranches minces

1 poivron jaune, coupé en lanières

1 poivron vert, coupé en lanières

1 poivron rouge, coupé en lanières

45 ml (3 c. à soupe) d'huile d'olive

½ citron, le jus

2 gousses d'ail, hachées

125 ml (½ tasse) de persil, finement haché

5 ml (1 c. à thé) de basilic séché ou quelques feuilles de basilic frais

Sel de mer et poivre de Cayenne, au goût

Préparation :

Préchauffer le barbecue pendant 10 minutes à feu moyen.

Huiler un panier à légumes ou un grand poêlon. Ajouter les 5 premiers ingrédients et cuire de 8 à 10 minutes, juste assez pour attendrir les légumes.

Dans un grand bol, mélanger les légumes et les autres ingrédients.

Note : Vous pouvez remplacer l'huile d'olive et le jus de citron par une vinaigrette de votre choix.

Cette salade peut être servie avec n'importe quel repas ou en entrée sur un nid de laitue.

Salade de courgettes et de tomates

Tendre et d'un goût raffiné.

15 minutes

4 portions

Ingrédients:

4 petites courgettes, râpées

1 grosse poignée de persil, haché

3 tomates moyennes, coupées en dés

2 oignons verts, émincés

30 ml (2 c. à soupe) d'huile de tournesol ou d'olive

½ citron, le jus

Sel de mer et poivre de Cayenne, au goût

Origan et basilic, au goût

Préparation:

Dans un grand bol, mélanger tous les ingrédients délicatement.

Cette salade accompagne agréablement les repas à base de pommes de terre grillées ou de tofu.

Salade de pommes de terre grillées

Un délice pour fins gourmets.

10 minutes | 10 minutes | 4 portions

Ingrédients:

12 pommes de terre grelots

45 ml (3 c. à soupe) d'huile de tournesol ou d'olive

1 poivron vert, coupé en lanières

1 poivron rouge, coupé en lanières

1 branche de céleri, émincée

½ oignon espagnol ou rouge, coupé en demi tranches

65 ml (¼ tasse) de Sauce onctueuse au cari (voir la recette à la page 79) ou de vinaigrette de votre choix

45 ml (3 c. à soupe) de boisson de soya ou d'amande

30 ml (2 c. à soupe) de basilic frais

5 ml (1 c. à thé) de poudre de cari

1 à 2 gousses d'ail, hachées

Sel de mer et poivre de Cayenne, au goût

Préparation:

Préchauffer le barbecue pendant 10 minutes à feu moyen.

Laver les pommes de terre. Cuire les pommes de terre dans une casserole d'eau bouillante salée jusqu'à ce qu'elles soient tendres. Égoutter et laisser tiédir. Couper en deux. Réserver.

Huiler un panier à légumes ou un poêlon. Cuire environ 5 minutes, juste assez pour attendrir les poivrons, le céleri et l'oignon. Réserver.

Déposer les pommes de terre sur un grillage conçu pour les petits aliments ou sur une tôle à pizza trouée. Cuire sur la grille du bas environ 10 minutes.

Dans un bol, déposer les légumes, les pommes de terre grillées et mélanger avec le reste des ingrédients.

Les pommes de terre grillées ajoutent à cette salade de fantaisie une saveur spéciale que tous apprécient.

Salade de tomates et de persil

Jolies couleurs et fraîcheur estivale.

10 minutes

4 portions

Ingrédients :

4 grosses tomates, coupées en morceaux

1 bouquet de persil, haché finement

½ citron, le jus

30 ml (2 c. à soupe) de basilic frais

5 ml (1 c. à thé) d'origan

15 ml (1 c. à soupe) d'huile d'olive

Sel de mer et poivre de Cayenne, au goût

Préparation :

Dans un bol, mélanger délicatement tous les ingrédients.

Servir sur un nid de laitue en feuilles.

Une salade légère et rafraîchissante qui est particulièrement riche en vitamine C facilement assimilable.

Salade de chou et de carottes

Une bouffée de fraîcheur.

10 minutes

4 à 6 portions

Ingrédients :

1 petit chou vert, râpé finement

2 carottes, râpées

½ oignon espagnol, émincé

125 ml (½ tasse) de persil, ciselé

Basilic frais, au goût

30 ml (2 c. à soupe) d'huile d'olive

1 citron, le jus

45 ml (3 c. à soupe) de Sauce onctueuse au cari (voir la recette à la page 79) ou de vinaigrette de votre choix

5 ml (1 c. à thé) de moutarde de Dijon

45 ml (3 c. à soupe) de boisson de soya ou d'amande

Sel de mer et poivre de Cayenne, au goût

Préparation :

Dans un grand bol, mélanger tous les ingrédients délicatement.

Note : Le chou vert et les carottes peuvent être broyés au robot culinaire avec la lame de fond.

Cette salade accompagne très bien les burgers et les hot-dogs.

Les sauces à salade, les vinaigrettes et les trempettes

Sauce à l'avocat et à la pomme verte

Une super sauce très savoureuse.

5 minutes — 250 ml (1 tasse)

Ingrédients :

1 avocat, coupé en 2 et dénoyauté

1 pomme verte, épépinée et coupée en dés

1 à 2 gousses d'ail, hachées

125 ml (½ tasse) d'eau

½ citron, pelé et épépiné

Préparation :

À l'aide d'une cuillère, évider l'avocat.

Au mélangeur, réduire tous les ingrédients en crème. Réfrigérer.

Cette sauce se conserve 2 jours au réfrigérateur.

Trempette au tofu et au tahini

Un goût exquis.

5 minutes   440 ml (1¾ tasse)

Ingrédients :

375 ml (1½ tasse) de tofu soyeux

65 ml (¼ tasse) de tahini (beurre de sésame)

30 ml (2 c. à soupe) de sauce Tamari

15 ml (1 c. à soupe) de vinaigre balsamique

65 ml (¼ tasse) de persil frais, haché

1 à 2 gousses d'ail, hachées

Sel de mer et poivre de Cayenne, au goût

Préparation :

Déposer tous les ingrédients dans le mélangeur et réduire en crème. Réfrigérer.

Cette trempette se conserve 5 jours au réfrigérateur.

Une trempette riche en protéines et délicieuse avec des crudités ou des légumes grillés.

Sauce rosée

Un p'tit goût de revenez-y.

5 minutes 250 ml (1 tasse)

Ingrédients:

125 ml (½ tasse) de sauce tomate sans sucre en conserve

125 ml (½ tasse) d'huile de tournesol

30 ml (2 c. à soupe) de Sauce onctueuse au cari (voir la recette à la page 79)

2 ml (½ c. à thé) de sirop d'érable

15 ml (1 c. à soupe) de vinaigre balsamique

15 ml (1 c. à soupe) de moutarde de Dijon

30 ml (2 c. à soupe) d'oignons séchés

30 ml (2 c. à soupe) de sauce Tamari

5 ml (1 c. à thé) d'origan

Poivre de Cayenne, au goût

Préparation:

Au mélangeur, réduire tous les ingrédients jusqu'à l'obtention d'une consistance lisse.

Cette sauce se conserve 2 semaines au réfrigérateur.

Une délicieuse sauce à la fois sucrée et piquante qui rehausse le goût des salades et des croquettes. Elle peut aussi être utilisée pour badigeonner les croquettes avant la cuisson.

Vinaigrette au citron et au gingembre

Un délice, le citron et le gingembre.

5 minutes 250 ml (1 tasse)

Ingrédients :

190 ml (¾ tasse) d'huile de tournesol ou autre

1 citron, le jus

45 ml (3 c. à soupe) de gingembre frais, râpé

2 à 3 gousses d'ail, hachées

5 ml (1 c. à thé) ou moins de sel de mer

Poivre de Cayenne, au goût

Préparation :

Au mélangeur, réduire tous les ingrédients jusqu'à l'obtention d'une texture lisse.

Cette vinaigrette se conserve 2 semaines au réfrigérateur.

Note : Il est possible de diminuer la quantité de gingembre si vous trouvez le goût trop prononcé.

À essayer absolument avec tous les légumes crus ou cuits.

Trempette à la relish

Délicieuse avec des légumes ou des croustilles.

3 minutes — 335 ml (1⅓ tasse)

Ingrédients :

250 ml (1 tasse) de Sauce onctueuse au cari (voir la recette à la page 79)

45 ml (3 c. à soupe) de relish

½ oignon, haché finement

30 ml (2 c. à soupe) de persil séché

Sel de mer et poivre de Cayenne, au goût

Préparation :

Dans un bol, mélanger tous les ingrédients. Réfrigérer.

Se conserve 1 semaine au réfrigérateur.

Note : Peut servir de sauce pour les croquettes, les hamburgers ou les hot-dogs.

Trempette au tofu soyeux

Vraiment délicieuse et protéinée.

5 minutes — 440 ml (1¾ tasse)

Ingrédients :

250 ml (1 tasse) de tofu soyeux

15 ml (1 c. à soupe) de prunes salées (Umeboshi)

125 ml (½ tasse) Sauce onctueuse au cari (voir la recette à la page 79)

½ citron, le jus

30 ml (2 c. à soupe) de ketchup aux tomates

5 ml (1 c. à thé) de basilic

5 ml (1 c. à thé) d'estragon

5 ml (1 c. à thé) de cumin

2 ml (½ c. à thé) de graines de céleri, ou ½ branche de céleri, coupée en morceaux

Sel de mer et poivre de Cayenne, au goût

Préparation :

Au robot culinaire ou au mélangeur, réduire tous les ingrédients en crème.

Note : Les prunes salées sont vendues dans les magasins de produits naturels.

Très surprenante, cette trempette fait fureur, que ce soit sur des crudités, des croustilles ou des légumes grillés.

Tous en raffolent !

Trempette à la fève rouge et à l'avocat

Une révélation de saveurs agréables.

5 minutes 690 ml (2¾ tasses)

Ingrédients :

250 ml (1 tasse) de fèves rognons (rouges), cuites et égouttées

½ avocat, coupé en morceaux

½ branche de céleri avec les feuilles, coupée en morceaux

½ poivron vert ou rouge, coupé en 2

½ oignon, coupé en 2

30 ml (2 c. à soupe) de sauce Tamari

½ citron, le jus

175 ml (⅔ tasse) de sauce tomate

30 ml (2 c. à soupe) de ketchup aux tomates

2 ml (½ c. à thé) de cumin ou de cari

15 ml (1 c. à soupe) de basilic

Sel de mer et e poivre de Cayenne, au goût

Préparation :

Au robot culinaire ou au mélangeur, réduire tous les ingrédients en crème.

Cette trempette se conserve 2 jours au réfrigérateur.

Cette trempette se tartine bien sur du pain grillé, des craquelins et peut aussi être servi avec des croustilles, des légumes crus ou grillés.

Sauce onctueuse au cari

Un goût tout à fait délicieux.

5 minutes — 425 ml (1⅔ tasses)

Ingrédients :

250 ml (1 tasse) de tofu soyeux

½ citron, le jus

2 ml (½ c. à thé) de sirop d'érable

5 ml (1 c. à thé) de sel de mer

5 ml (1 c. à thé) de cari

10 ml (1 c. à soupe) de levure alimentaire

5 ml (1 c. à thé) d'oignons séchés

5 ml (1 c. à thé) de basilic

85 ml (⅓ tasse) d'eau

15 ml (1 c. à soupe) de vinaigre balsamique ou de vinaigre de cidre

½ avocat

65 ml (¼ tasse) d'huile de tournesol

Poivre de Cayenne, au goût

Préparation :

Au mélangeur, réduire tous les ingrédients jusqu'à consistance crémeuse.

Cette sauce se conserve de 5 à 7 jours au réfrigérateur.

Note : Le cari peut être remplacé par une autre épice ou des herbes de votre choix.

Cette recette remplace la mayonnaise et elle est sans œufs. Elle peut servir de base à plusieurs sauces à salade ou trempettes.

Sauce aux tomates fraîches

Pour les amateurs de sensations fortes.

5 minutes

250 ml (1 tasse)

Ingrédients :

85 ml (⅓ tasse) d'huile de tournesol ou d'olive

2 petites tomates ou 1 grosse tomate

65 ml (¼ tasse) de ketchup aux tomates

2 gousses d'ail

15 ml (1 c. à soupe) de basilic

15 ml (1 c. à soupe) d'origan ou d'estragon

5 ml (1 c. à thé) de sel de mer

Poivre de Cayenne, au goût

Préparation :

Au mélangeur, réduire tous les ingrédients pour obtenir une texture homogène.

Cette sauce se conserve 24 heures au réfrigérateur.

Note : Pour un goût plus doux, réduire la quantité de ketchup et de poivre de Cayenne.

Vinaigrette à la moutarde de Dijon

Un goût piquant et savoureux.

5 minutes 190 ml (¾ tasses)

Ingrédients :

175 ml (⅔ tasse) d'huile de tournesol ou d'huile d'olive

30 ml (2 c. à soupe) de moutarde de Dijon

45 ml (3 c. à soupe) de sauce Tamari

2 ml (½ c. à thé) de sirop d'érable

2 à 3 gousses d'ail, hachées

1 pincée de poivre de Cayenne

Préparation :

Dans un bol, fouetter tous les ingrédients à la main ou utiliser un mélangeur.

Laisser reposer le mélange quelques heures avant de servir.

Cette vinaigrette se conserve 1 mois au réfrigérateur.

Rapide à préparer, cette vinaigrette rehausse toutes les salades.

Vraiment délicieuse.

Sauce à la Bragg

Tout un délice et tellement simple.

5 minutes — 175 ml (⅔ tasse)

Ingrédients :

125 ml (½ tasse) d'huile de tournesol

5 ml (1 c. à thé) d'huile de sésame grillé

45 ml (3 c. à soupe) de sauce Bragg

½ citron, le jus

1 gousse d'ail, hachée

Poivre de Cayenne, au goût

Préparation :

Au mélangeur, réduire tous les ingrédients afin d'obtenir une consistance lisse.

Cette sauce se conserve 2 semaines au réfrigérateur.

Note : La sauce Bragg peut remplacer la sauce Tamari dans vos recettes, c'est une sauce au goût doux et agréable.

Trempette au tofu soyeux, lait de coco et noix de cajou

Un délicieux mariage.

7 minutes

175 ml (⅔ tasse)

Ingrédients :

175 ml (⅔ tasse) de tofu soyeux

85 ml (⅓ tasse) de lait de coco de qualité supérieure

85 ml (⅓ tasse) de noix de cajou, concassées

30 ml (2 c. à soupe) de jus de lime ou de jus de citron

1 petit oignon vert, émincé

85 ml (¼ tasse) de coriandre, hachée finement

Sel de mer et poivre noir du moulin, au goût

Préparation :

Au robot culinaire ou au mélangeur, à vitesse moyenne, réduire tous les ingrédients jusqu'à l'obtention d'une consistance crémeuse ou légèrement granuleuse. Arrêter l'appareil de temps à autre pour racler les parois.

Cette trempette se conserve 4 à 5 jours au réfrigérateur.

Note : Le lait de coco de qualité supérieure a une texture beaucoup plus crémeuse.

Une trempette délicieuse qui accompagne agréablement les croustilles et les crudités.

Trempette cajun

Une trempette qui sort de l'ordinaire.

8 minutes

190 ml (¾ tasse)

Ingrédients :

125 ml (½ tasse) de Sauce onctueuse au cari (voir la recette à la page 79)

85 ml (⅓ tasse) de ketchup aux tomates

½ oignon, haché finement

½ poivron vert, haché finement

1 ml (¼ c. à thé) de cajun

5 ml (1 c. à thé) d'estragon

Sel de mer et poivre de Cayenne, au goût

Préparation :

Dans un petit bol, mélanger tous les ingrédients.

Réfrigérer, de préférence, quelques heures avant de servir.

Cette trempette se conserve 4 à 5 jours au réfrigérateur.

Un petit goût piquant.

Les légumes grillés

Jardinière de légumes en papillote

De savoureux légumes bien assaisonnés.

20 minutes | 10 minutes | 6 à 8 portions

1re partie

1 pied de brocoli, en fleurettes

227 g (8 oz) de champignons, coupés en 2

2 courgettes, coupées en rondelles

1 poivron vert, coupé en lanières

2 oignons, coupés en gros morceaux

2 tomates, coupées en gros morceaux

2 moyennes carottes, coupées en tranches minces

1 pomme de terre non pelée, coupée en tranches minces

500 ml (2 tasses) de Tempeh grillé au Tamari (voir recette à la page 132) ou de Tofu grillé au gingembre (voir la recette à la page 134)

15 ml (1 c. à soupe) de basilic

Sel de mer et poivre de Cayenne, au goût

Répartir le mélange de légumes sur 8 carrés de papier d'aluminium à double épaisseur. Ajouter le tempeh ou le tofu déjà grillé, le basilic, et assaisonner. Réserver.

2e partie

15 ml (1 c. à soupe) d'ail granulé ou 2 à 3 gousses d'ail, hachées

45 ml (3 c. à soupe) de ketchup aux tomates

30 ml (2 c. à soupe) de moutarde de Dijon

65 ml (¼ tasse) d'huile d'arachide ou d'olive

65 ml (¼ tasse) de sauce tomate sans sucre en conserve

Sel de mer, au goût

Dans un petit bol, mélanger tous les ingrédients de la sauce et en ajouter 30 ml (2 c. à soupe) par portion. Fermer chaque papillote.

Cuire à feu moyen pendant 10 minutes. Retourner les papillotes à la mi-cuisson.

Cuisson au four: 200 °C (400 °F), sur la grille du bas, de 12 à 15 minutes.

Ce mets, accompagné d'une généreuse salade, constitue une excellente combinaison de féculents et de légumes verts.

Légumes minute

Légers et réconfortants.

10 minutes | 10 minutes | 4 à 5 portions

Ingrédients:

30 ml (2 c. à soupe) d'huile d'olive ou autre

2 moyennes carottes, coupées en fines tranches

750 ml (3 tasses) de petits pois frais ou surgelés

227 g (8 oz) de champignons, coupés en 2

1 oignon, coupé en demi-tranches

15 tomates cerises, coupées en 2

Sel de mer et poivre de Cayenne, au goût

Origan, au goût

Préparation:

Sur une plaque ou dans une grande poêle huilée, déposer tous les légumes à l'exception des tomates. Faire revenir environ 10 minutes sur le gril très chaud. Ajouter le reste des ingrédients et continuer la cuisson 1 à 2 minutes tout en conservant les légumes croquants.

Cuisson au four: 200 °C (400 °F), sur la grille du bas, de 10 à 15 minutes.

Ah! les légumes, toujours délectables et si bons pour la santé.

Fricassée de légumes aux amandes

Unique.

15 minutes 15 minutes 4 portions

Ingrédients :

30 ml (2 c. à soupe) d'huile d'olive

1 courgette verte ou jaune, coupée en juliennes

1 petit oignon rouge, coupé en tranches minces

500 ml (2 tasses) de fèves germées

250 ml (1 tasse) de maïs frais ou surgelé

½ poivron vert, coupé en lanières

½ poivron jaune, coupé en lanières

½ poivron rouge, coupé en lanières

5 ml (1 c. à thé) d'estragon

5 ml (1 c. à thé) de basilic

Sel de mer et poivre de Cayenne, au goût

85 ml (⅓ tasse) d'amandes grillées

Préparation :

Déposer tous les légumes dans une grande poêle huilée.

Faire revenir environ 10 minutes sur le gril à feu vif tout en gardant les légumes croquants. Retirer du feu. Ajouter l'estragon, le basilic, le sel de mer et le poivre de Cayenne, bien mélanger.

Garnir avec les amandes grillées.

Cuisson au four : 200 °C (400 °F), sur la grille du bas, environ 10 minutes.

Note : Griller les amandes au four ou dans un poêlon très chaud environ 5 minutes en les remuant.

Tout un festin en si peu de temps.

Pommes de terre surprises

Si faciles à réchauffer.

10 minutes | 12 minutes | 6 portions

Ingrédients :

6 moyennes pommes de terre, non pelées

Eau bouillante salée

30 ml (6 c. à thé) d'huile d'olive

30 ml (2 c. à soupe) de ciboulette, ciselée

1 ou 2 oignons, coupés en demi-tranches

500 ml (2 tasses) de fromage végétal ou autre, râpé

Persil, haché

Sel de mer, au goût

Préparation :

Cuire les pommes de terre environ 5 minutes dans une casserole d'eau bouillante salée. Les pommes de terre doivent demeurer légèrement croquantes. Peler et laisser refroidir.

Trancher les pommes de terre et les déposer sur 6 carrés de papier d'aluminium à double épaisseur. Ajouter 5 ml (1 c. à thé) d'huile par portion.

Ajouter la ciboulette, les tranches d'oignon, le fromage et le persil. Assaisonner avant de fermer les papillotes.

Cuire sur le gril à feu vif pendant 5 à 7 minutes en retournant à quelques reprises.

Cuisson au four : 200 °C (400 °F), sur la grille du bas, environ 8 à 10 minutes.

Note : Les pommes de terre peuvent être cuites une journée à l'avance.

Servir avec une salade verte et compléter avec des Asperges aux graines de tournesol grillées (voir la recette à la page 100).

Tout un festin, un délice de la nature qui plaît à tout coup.

Épis de maïs au Tamari

Pour un goût différent.

5 minutes | 6 minutes | 3 portions

Ingrédients :

6 épis de maïs

15 ml (1 c. à soupe) de sauce Tamari

65 ml (¼ tasse) d'huile de tournesol

Préparation :

Mélanger la sauce Tamari et l'huile, puis badigeonner les épis de maïs avec ce mélange. Envelopper chaque épi dans du papier d'aluminium à double épaisseur.

Cuire sur le gril à feu moyen pendant 6 minutes en les tournant à mi-cuisson.

Cuisson au four : 200 °C (400 °F), sur la grille du bas, pendant 6 minutes en les tournant au cours de la cuisson.

Servir avec une bonne salade verte et de délicieux hors-d'œuvre.

Succulent !

Note : Il est possible de cuire les épis de maïs dans leur enveloppe naturelle en prenant soin d'enlever les soies avant la cuisson.

Asperges aux graines de tournesol grillées

Légères, savoureuses et nutritives.

5 minutes | 10 minutes | 4 portions

Ingrédients:

125 ml (½ tasse) de graines de tournesol

15 ml (1 c. à soupe) de sauce Tamari

454 g (1 lb) d'asperges

20 ml (4 c. à thé) d'huile de tournesol ou d'olive

60 ml (4 c. à soupe) de jus de citron

Sel de mer et poivre de Cayenne, au goût

Estragon, au goût

Vinaigrette à la moutarde de Dijon (voir la recette à la page 83)

Préparation:

Griller les graines de tournesol dans un poêlon très chaud environ 5 minutes tout en remuant. Fermer le feu, ajouter la sauce Tamari et bien mélanger. Réserver.

Couper les bouts durs des asperges. Déposer les asperges et les graines de tournesol grillées au Tamari sur 4 carrés de papier d'aluminium à double épaisseur. Répartir le reste des ingrédients, sauf la vinaigrette, sur chacune des portions.

Fermer les papillotes.

Cuire sur le gril à feu doux environ 10 minutes.

Au moment de servir, napper les asperges de vinaigrette à la moutarde de Dijon.

Cuisson au four: 200 °C (400 °F), sur la grille du bas, environ 10 minutes.

Note: Il est préférable et plus facile d'ajuster le temps de cuisson des asperges en cuisant les grosses et les petites séparément.

Une autre délicieuse façon d'ajouter des légumes verts aux repas.

Carottes et navet grillés

De belles couleurs chaudes.

15 minutes — 20 minutes — 4 portions

Ingrédients :

4 moyennes carottes, coupées en dés

1 petit navet, coupé en dés

60 ml (4 c. à soupe) d'huile de tournesol ou autre

4 petites gousses d'ail, hachées

Sel de mer et poivre de Cayenne, au goût

Préparation :

Répartir tous les ingrédients sur 4 feuilles de papier d'aluminium à double épaisseur.

Fermer les papillotes.

Cuire sur le gril à feu moyen environ 20 minutes, tourner à la mi-cuisson.

Cuisson au four: 230 °C (450 °F), sur la grille du bas, environ 20 minutes.

Voici deux bons légumes qui se marient bien et qui sont excellents pour la santé grâce à leur teneur élevée en vitamines.

Aubergine à l'ail

Honneur à l'aubergine.

1 h 35 minutes | 10 minutes | 4 à 5 portions

Ingrédients :

1 grosse aubergine, coupée en tranches de 2 cm (¾ po) d'épaisseur

Sel de mer

60 ml (4 c. à soupe) d'huile d'olive

30 ml (2 c. à soupe) de sauce Tamari

30 ml (2 c. à soupe) de purée de tomates en conserve

10 ml (2 c. à soupe) de fines herbes

2 gousses d'ail, hachées

Poivre de Cayenne, au goût

Préparation :

Dégorger l'aubergine en saupoudrant chaque tranche de sel de mer. Après une heure, rincer les tranches à l'eau froide et assécher.

Dans un petit bol, mélanger le reste des ingrédients et badigeonner les deux côtés de chaque tranche d'aubergine avec ce mélange. Laisser macérer pendant 30 minutes.

Conserver le reste du mélange pour badigeonner les tranches d'aubergine pendant la cuisson.

Placer les tranches d'aubergine directement sur la grille du bas du barbecue. Cuire à feu moyen-doux de 8 à 10 minutes en les tournant jusqu'à ce qu'elles soient tendres et grillées.

Cuisson au four: sur une assiette à pizza, 200 °C (400 °F), sur la grille du bas, pendant 12 minutes.

Servir sur un nid de riz et accompagner d'une salade verte.

Bon appétit !

Les pains &
les pizzas

Pains-surprises aux tomates séchées et au fromage végétal

Transformez l'ordinaire en extraordinaire.

15 minutes | 20 minutes | 6 à 8 portions

Ingrédients :

125 ml (½ tasse) de tomates séchées

125 ml (½ tasse) d'eau bouillante

625 ml (2½ tasses) de farine de blé ou d'épeautre

7 ml (1½ c. à thé) de levure chimique

5 ml (1 c. à thé) de bicarbonate de soude

2 ml (½ c. à thé) de sel de mer

Poivre de Cayenne, au goût

125 ml (½ tasse) de fromage végétal, râpé

15 ml (1 c. à soupe) d'origan ou de persil

30 ml (2 c. à soupe) de ciboulette, hachée ou d'oignons séchés

250 ml (1 tasse) d'eau

65 ml (¼ tasse) d'huile de tournesol ou d'olive

Préparation :

Couvrir les tomates séchées d'eau bouillante et laisser reposer 10 minutes. Égoutter et hacher finement. Mélanger les tomates séchées, le fromage, l'origan et la ciboulette.

Dans un autre grand bol, mélanger les autres ingrédients secs. Faire un puits au centre, ajouter l'eau et l'huile. Mélanger délicatement à la fourchette.

Déposer la pâte sur une surface farinée et pétrir doucement pendant 3 à 4 minutes. Si la pâte est trop collante, ajouter de la farine.

Étendre la pâte. Sur une moitié, mettre le mélange de tomates séchées, de fromage et de fines herbes. Sur l'autre moitié, pratiquer des incisions. Rabattre le côté incisé sur celui contenant les tomates séchées, et souder les 2 bords avec de l'eau. Déposer la pâte sur une tôle à pâtisserie ou une grande assiette à pizza huilée.

Préchauffer le barbecue à feu moyen pendant au moins 5 minutes.

Placer la tôle ou l'assiette à

pizza sur un des côtés de la grille et fermer le feu de ce côté. Fermer le couvercle.

Cuire environ 20 minutes en surveillant de près. Ajuster le feu au besoin. Retourner le pain 5 minutes avant la fin de la cuisson.

Cuisson au four : 180 °C (350 °F), sur la grille du bas, pendant 20 minutes. Retourner le pain après 15 minutes de cuisson. Servir chaud ou à la température de la pièce.

Ce pain accompagne très bien les salades et les légumes cuits en papillote.

Pain baguette maison

Goûtez la différence du bon pain maison.

2 h 50 minutes — 35 minutes — 2 pains baguettes

Ingrédients :

Levain

250 ml (1 tasse) d'eau tiède

5 ml (1 c. à thé) de levure sèche

5 ml (1 c. à thé) de sirop d'érable

335 ml (1⅓ tasse) de farine de blé à pain ou tout usage

Pâte

750 ml (3 tasses) de farine de blé ou tout usage

5 ml (1 c. à thé) de levure sèche

5 ml (1 c. à thé) de sel de mer

250 ml (1 tasse) d'eau tiède

1 recette de levain (ci-dessus)

Préparation :

Dans un grand bol, mélanger la farine, la levure sèche et le sel de mer. Creuser un puits au centre et y verser l'eau tiède, puis incorporer le mélange de levain à la cuillère de bois. Couvrir le bol d'un linge humide, le placer à nouveau au four avec la lumière allumée environ 1 h 30.

Verser une bonne quantité de farine sur le plan de travail et pétrir jusqu'à ce que la pâte ne colle plus aux doigts. Séparer la boule de pâte en 2. Enrouler sur elle-même, tout en l'allongeant de manière à obtenir 2 rouleaux d'environ 30 cm (12 po).

Huiler et fariner une plaque à pâtisserie ou un moule à baguette double.

Préchauffer le barbecue à feu moyen.

Placer une deuxième plaque sous la première. Fermer le couvercle et l'un des feux. Cuire environ 30 minutes. Après 10 minutes de cuisson, tourner les pains. Si le pain dore trop rapidement, le recouvrir de papier d'aluminium. Après 20 minutes, régler l'un des feux à minimum et poursuivre la cuisson encore 5 à 10 minutes.

Cuisson au four : 180 °C (350 °F), sur la grille du bas, pendant 35 minutes.

Un pain croûté à souhait !

Sandwich aux légumes grillés

Succulent.

20 minutes | 10 minutes | 4 portions

Ingrédients :

45 ml (3 c. à soupe) d'huile d'olive ou autre

15 ml (1 c. à soupe) de sauce Tamari ou 1 pincée de sel de mer

15 ml (1 c. à soupe) de basilic

Poivre de Cayenne, au goût

3 à 4 tranches minces de Tempeh grillé au Tamari (voir la recette à la page 132) ou de Tofu grillé au gingembre (voir la recette à la page 134)

2 petites courgettes, coupées sur la longueur

1 moyenne aubergine, coupée mince sur la longueur

1 oignon espagnol, émincé

1 poivron rouge ou vert, coupé en tranches minces

1 tomate, coupée en tranches minces

1 pain baguette de blé entier ou non, coupé en 2 sur la longueur

Préparation :

Dans un petit bol, mélanger les 4 premiers ingrédients. Réserver.

Préchauffer le barbecue à puissance moyenne.

Huiler une plaque trouée et y déposer les courgettes, l'aubergine, l'oignon espagnol et le poivron. Cuire environ 5 minutes. Les légumes doivent rester légèrement croquants. Retirer.

Faire griller légèrement les pains.

Déposer les deux morceaux de pain sur une planche à découper et les badigeonner du premier mélange. Ajouter les tranches de tempeh ou de tofu grillé. Garnir avec les légumes grillés et les tranches de tomate. Couvrir avec l'autre moitié de pain. Couper ce pain baguette farci en 4 portions.

Servir avec une bonne salade.

Un repas léger, et toujours délicieux !

Pitas au tofu grillé et aux courgettes

Voilà un sandwich léger et de bon goût.

5 minutes 6 pitas

Ingrédients :

1re partie

5 ml (1 c. à thé) d'huile de sésame grillé

30 ml (2 c. à soupe) d'huile d'olive

454 g (16 oz) de tofu, râpé

1 oignon, émincé

30 ml (2 c. à soupe) de sauce Tamari

5 ml (1 c. à thé) de miso

15 ml (1 c. à soupe) de basilic

Poivre de Cayenne, au goût

Préparation :

Dans une grande poêle, verser l'huile de sésame grillé et l'huile d'olive. Ajouter le tofu râpé et l'oignon. Laisser dorer à feu moyen environ 10 minutes.

Dans un petit bol, mélanger la sauce Tamari et le miso. Incorporer au mélange de tofu en brassant. Ajouter le basilic et le poivre de Cayenne.

Réserver.

Ingrédients :

2e partie

½ citron, le jus

5 ml (1 c. à thé) de zeste de citron, râpé ou coupé finement

3 courgettes, râpées

6 pitas

1 tomate, coupée en tranches minces

Origan et basilic

Sel de mer, au goût

Luzerne

Préparation :

Mélanger le jus et le zeste de citron avec les courgettes. Garnir chaque pita de tofu grillé, de courgettes, de tranches de tomates, d'origan, de basilic, de sel de mer et de luzerne.

Le tofu, délicieusement différent, est une excellente source de protéines.

Vraiment exquis !

Fougasse aux olives noires

Un pain d'origine italienne tout simplement exquis.

1 h 25 minutes | 20 minutes | 1 fougasse

Ingrédients:

250 ml (1 tasse) d'eau tiède

5 ml (1 c. à thé) de sirop d'érable

30 ml (2 c. à soupe) de levure sèche (levure à pain)

2 ml (½ c. à thé) de sel de mer

30 ml (2 c. à soupe) d'huile d'olive

625 ml (2½ tasses) de farine de blé à pain

2 ml (½ c. à thé) d'estragon ou de thym

5 ml (1 c. à thé) de basilic

5 ml (1 c. à thé) d'origan

5 ml (1 c. à thé) de poudre d'ail

2 ml (½ c. à thé) de sel de mer

85 ml (⅓ tasse) d'olives noires dénoyautées, hachées

Préparation:

Dans un grand bol, mélanger l'eau, le sirop d'érable, la levure sèche et le sel de mer. Laisser gonfler pendant 10 minutes. Incorporer l'huile et brasser légèrement. Ajouter la farine en mélangeant à la cuillère de bois. Pétrir sur une surface farinée environ 5 minutes.

Ajouter le reste des ingrédients et continuer à pétrir 3 minutes. Si la pâte est trop collante, ajouter de la farine.

Façonner une boule, mettre dans un bol huilé, retourner plusieurs fois pour bien l'enrober d'huile. Couvrir avec une pellicule de plastique et laisser gonfler pendant 30 minutes au four, avec comme seule source de chaleur la lumière allumée.

Dégonfler, puis, avec les doigts, étendre la pâte à une épaisseur de 1,5 cm (½ po) dans une assiette à pizza huilée. Avec la pointe d'un couteau, faire des incisions sur le dessus de la pâte. On peut aussi façonner un long rouleau et lui donner ensuite la forme d'un 8. Couvrir avec une pellicule de plastique ou un linge humide. Placer dans le four avec la lumière allumée et laisser lever 15 minutes.

Préchauffer le barbecue pendant 5 minutes à feu moyen.

Placer l'assiette ou la tôle sur un des côtés de la grille, fermer le feu de ce côté et le couvercle.

Cuire à peu près 20 minutes en surveillant de près. Ajuster le feu au besoin.

Cuisson au four: 180 °C (350 °F), sur la grille du bas, environ 20 minutes.

Ce pain étonnant est un véritable régal avec des légumes, une salade ou une trempette.

Petits pains à hamburgers ou à hot-dogs

La fabrication du pain : les résultats en valent l'effort.

2 h 15 minutes   10 à 12 pains

Ingrédients :

250 ml (1 tasse) d'eau

30 ml (2 c. à soupe) de concentré de jus de pommes congelé non sucré

15 ml (1 c. à soupe) de levure sèche active

30 ml (2 c. à soupe) d'huile de tournesol ou autre

5 ml (1 c. à thé) de sel de mer

500 ml (2 tasses) de farine de blé à pain

125 ml (½ tasse) de farine de gluten ou de farine de blé

Préparation :

Chauffer l'eau et le concentré de jus de pommes. Laisser tiédir et verser dans un grand bol. Ajouter la levure sèche et bien mélanger. Laisser reposer 20 minutes. Ajouter l'huile, le sel de mer et les farines de blé et de gluten. Mélanger à la cuillère de bois.

Sur une surface bien farinée, pétrir pendant 3 à 5 minutes. Si la pâte est trop collante, ajouter de la farine de blé. Former une boule, huiler un grand bol et rouler la boule pour bien l'enrober d'huile. Recouvrir le bol d'un linge humide. Placer dans le four avec la lumière allumée pendant une heure.

Dégonfler la pâte avec les mains et la diviser en 2. Façonner deux longs rouleaux. Séparer chacun en 5 ou 6 parties égales avec un couteau tranchant. Pour des pains à hamburgers, façonner de petites boules, et pour des pains à hot-dogs, donner une forme allongée.

Huiler une tôle à biscuits et y placer les petits pains en laissant un bon espace entre chacun. Aplatir légèrement le dessus. Laisser gonfler 15 minutes.

Préchauffer le barbecue à feu moyen-doux.

Placer la tôle sur la grille du haut et fermer le couvercle. Bien surveiller pendant la cuisson et ajuster le feu au besoin. Cuire environ 20 minutes.

Avant de faire cuire ces petits pains, on peut les garnir de graines de sésame ou de graines de pavot.

Cuisson au four: 180 °C (350 °F), sur la grille du centre, pendant 25 minutes.

Couper les pains en 2 et servir avec des croquettes ou des saucisses au tofu.

Note: Pour cette recette, je préfère la cuisson au four, car la texture de ces pains est plus légère.

Quel plaisir de cuire ces bons p'tits pains!

Pizza aux tomates et aux oignons

Un bon repas léger.

10 minutes · 10 minutes · 2 à 4 portions

Ingrédients:

1 à 2 grosses tomates, coupées en tranches minces

½ gros oignon espagnol, haché finement

12 olives noires, dénoyautées et coupées en 2

1 pincée de sel de mer

15 ml (1 c. à soupe) de basilic

5 ml (1 c. à thé) d'origan

Poivre de Cayenne ou piments broyés

Fromage végétal ou autre, râpé

1 pâte à pizza (voir la recette à la page 128) ou 1 pita

Préparation:

Déposer les tranches de tomates sur la pâte à pizza ou sur un pita et ajouter tous les autres ingrédients. Garnir de fromage râpé.

Préchauffer le barbecue à feu doux.

Placer une deuxième assiette sous la première afin que la pizza ne brûle pas. Mettre sur un des côtés de la grille, fermer le feu de ce côté ainsi que le couvercle. Cuire environ 10 minutes.

Cuisson au four: 190 °C (375 °F), sur la grille du bas, environ 10 minutes.

Variante: On peut remplacer les oignons par 6 à 8 gousses d'ail hachées et les tomates par des courgettes ou des poivrons rouges.

Un délice, et très facile à digérer.

Pizza aux courgettes, au gingembre et à l'ail

Idéale pour les brunchs ou en entrée.

10 minutes | 10 minutes | 4 portions

Ingrédients :

1 Pâte à pizza (voir la recette à la page 126 ou 128 au choix), précuite, ou 1 pita

1 à 2 tomates, coupées en tranches minces

2 courgettes, coupées en tranches minces

½ poivron vert, haché

15 ml (1 c. à soupe) de gingembre frais, râpé

3 à 4 gousses d'ail, hachées

1 pincée de sel de mer

5 ml (1 c. à thé) d'estragon

5 ml (1 c. à thé) d'origan

5 ml (1 c. à thé) de basilic

Poivre de Cayenne ou piments broyés, au goût

Fromage végétal ou autre, râpé

Préparation :

Sur la pâte à pizza précuite ou un pita, déposer les tomates, les courgettes, le poivron vert, le gingembre, les gousses d'ail et les assaisonnements. Ajouter du fromage râpé.

Cuire sur le barbecue à feu doux, sur la grille du haut, pendant une dizaine de minutes ou jusqu'à ce que le fromage soit doré.

Cuisson au four : 190 °C (375 °F), sur la grille du centre, 8 à 10 minutes ou jusqu'à ce que le fromage soit doré.

Le gingembre marié à l'ail, un goût piquant fort agréable !

Pizza à l'huile d'olive et aux oignons rouges

Une pizza sans tomate délicieusement différente.

5 minutes | 5 minutes | 2 à 4 portions

Ingrédients:

1 Pâte à pizza (voir la recette à la page 126 ou 128 au choix), déjà cuite, ou 1 pita

30 ml (2 c. à soupe) d'huile d'olive

Sel de mer et poivre de Cayenne, au goût

65 ml (¼ tasse) de persil, haché

30 ml (2 c. à soupe) de ciboulette, hachée

5 ml (1 c. à thé) de basilic

½ poivron rouge, haché

1 oignon rouge, haché finement

Jus de citron fraîchement pressé

Preparation:

Badigeonner d'huile d'olive la pâte à pizza ou le pita. Ajouter le reste des ingrédients. Aromatiser avec quelques gouttes de jus de citron. Couper et servir immédiatement.

Note: Vous pouvez réchauffer quelques minutes sur le gril avant de déguster.

Cette pizza à l'huile d'olive convient très bien aux personnes qui doivent surveiller l'acidité de leur alimentation. Vous pouvez ajouter un fromage végétal ou un de votre choix.

Pâte à pizza vite faite

En un clin d'œil ou presque.

5 minutes — 10 minutes — 1 moyenne pizza

Ingrédients:

750 ml (3 tasses) de farine de blé

2 ml (½ c. à thé) de bicarbonate de soude

10 ml (2 c. à thé) de levure chimique

5 ml (1 c. à thé) de sel de mer

85 ml (⅓ tasse) d'huile de tournesol ou d'olive

250 ml (1 tasse) de boisson de soya

Préparation:

Dans un grand bol, mélanger tous les ingrédients. Façonner en boule. Sur une surface farinée, pétrir pendant 2 minutes en ajoutant de la farine jusqu'à ce que la pâte ne colle plus. Rouler la pâte sur une surface farinée. Étendre sur une assiette à pizza huilée de 30 cm (12 po), relever les bords et les replier pour obtenir une croûte plus épaisse.

Préchauffer le barbecue à feu moyen.

Précuire cette pâte pendant 10 minutes avant d'ajouter la garniture. Prendre soin de doubler l'assiette pour éviter que la pâte brûle.

Cuisson au four: 180 °C (350 °F), sur la grille du centre, pendant 10 minutes.

Cette pâte se congèle très bien.

Pâte à pizza

Un délice pour les amateurs.

1 h 05 minutes 1 petite pizza

Ingrédients:

175 ml (⅔ tasse) d'eau tiède

2 ml (½ c. à thé) de sirop d'érable

15 ml (1 c. à soupe) de levure sèche active

30 ml (2 c. à soupe) d'huile de tournesol ou d'olive

250 ml (1 tasse) de farine de blé à pâtisserie

190 ml (¾ tasse) de farine de blé à pain

5 ml (1 c. à thé) de sel de mer

Préparation:

Dans un grand bol, mélanger l'eau, le sirop d'érable et la levure. Laisser gonfler pendant 20 minutes, puis ajouter l'huile. Dans un autre bol, mélanger les farines et le sel de mer, ajouter au premier mélange. Brasser vigoureusement à l'aide d'une cuillère de bois. Former une boule et la pétrir pendant 5 minutes. Laisser lever 30 minutes, puis rouler. Déposer la pâte dans une assiette à pizza huilée de 20 cm (8 po). Cuire au barbecue à chaleur moyenne pendant 5 minutes avant d'ajouter la garniture.

Cuisson au four: 180 °C (350 °F), sur la grille du centre, de 5 à 8 minutes.

Note: La pâte sera cuite à point lors de la cuisson avec la garniture.

Cette pâte à pizza est facile à faire et se congèle très bien; n'hésitez pas à vous en préparer.

Les brochettes

Tempeh grillé au Tamari

Une délicieuse recette passe-partout.

5 minutes | 10 minutes | 4 à 6 portions

Ingrédients :

45 ml (3 c. à soupe) d'huile d'olive

200 g (2 tasses) de tempeh, coupé en dés

½ oignon, haché

1 gousse d'ail, émincée

30 ml (2 c. à soupe) de sauce Tamari

15 ml (1 c. à soupe) de sauce Teriyaki

15 ml (1 c. à soupe) de basilic

Poivre de Cayenne, au goût

Préparation :

Cuisson sur la cuisinière: dans une poêle antiadhésive, sur feu moyen, dorer le tempeh, l'oignon et l'ail haché en brassant de temps à autre. Ajouter le reste des ingrédients.

Facile et rapide à préparer, le tempeh peut remplacer le fromage végétal ou autre dans plusieurs plats.

Se conserve 3 mois au congélateur.

Variante : Le tempeh peut être remplacé par du tofu coupé en cubes ou en tranches minces.

Excellent en sandwich, dans des pitas ou encore dans les salades.

Tofu grillé au gingembre

Délectable et sans cholestérol, naturellement!

8 minutes — 10 minutes — 4 à 6 portions

Ingrédients:

454 g (16 oz, 1 bloc) de tofu, coupé en tranches ou en dés

30 ml (2 c. à soupe) d'huile d'olive

30 ml (2 c. à soupe) d'oignons déshydratés

45 ml (3 c. à soupe) de gingembre, râpé

3 à 4 gousses d'ail, hachées

5 ml (1 c. à thé) de sirop d'érable

65 ml (¼ tasse) de persil, haché

45 ml (3 c. à soupe) de sauce Tamari

Poivre de Cayenne, au goût

Préparation:

Cuisson sur la cuisinière: dans une poêle antiadhésive, faire dorer les oignons déshydratés, le gingembre et l'ail en remuant de temps en temps. Ajouter le reste des ingrédients et continuer la cuisson quelques secondes.

Servir avec des légumes en papillote, des salades ou encore en sandwich, dans un pita ou un pain à sous-marin.

Une façon simple d'apprêter le tofu pour mieux l'apprivoiser.

Quant aux amateurs, ils en raffoleront!

Tofu grillé au barbecue

Avec ou sans sauce, le tofu assaisonné est toujours bon!

10 minutes | 10 minutes | 4 à 6 portions

Ingrédients:

454 g (16 oz, 1 bloc) de tofu, coupé en tranches de 0,5 cm (¼ po) d'épaisseur

30 ml (2 c. à soupe) de sauce Tamari

5 ml (1 c. à thé) d'huile de sésame grillé

15 ml (1 c. à thé) d'huile de tournesol

5 ml (1 c. à thé) de miso

2 gousses d'ail, hachées

5 ml (1 c. à thé) de basilic

Poivre de Cayenne, au goût

Préparation:

Dans un petit bol, mélanger tous les ingrédients à l'exception du tofu. Badigeonner les deux côtés des tranches de tofu avec cette sauce. Réserver.

Huiler une grille à petits trous ou une assiette à pizza trouée et la placer sur la grille du bas du barbecue.

Déposer les tranches de tofu et les cuire à feu modéré environ 5 minutes de chaque côté. Badigeonner avec la sauce avant de retourner les tranches. Bien les dorer.

Cuisson au four: 180 °C (350 °F), sur la grille du centre, environ 5 minutes de chaque côté.

Servir en sandwich ou avec des légumes grillés, du quinoa ou du riz.

Brochettes de légumes et de tofu

Un vrai régal en tout temps de l'année.

1 h 15 minutes 12 minutes 6 portions

Ingrédients :

454 g (16 oz, 1 bloc) de tofu, coupé en cubes d'environ 4 cm (1½ po)

45 ml (3 c. à soupe) de sauce Tamari

45 ml (3 c. à soupe) d'huile d'olive

15 ml (1 c. à soupe) d'huile de sésame grillé

30 ml (2 c. à soupe) de gingembre frais, râpé

1 à 2 gousses d'ail, hachées

85 ml (⅓ tasse) d'eau

½ oignon espagnol, coupé en gros morceaux

12 champignons moyens

1 poivron rouge, coupé en morceaux

2 poivrons verts, coupés en morceaux

6 petites tomates cerises

Préparation :

Faire tremper les bâtonnets de bois dans de l'eau froide pendant 30 minutes avant la cuisson.

Déposer les cubes de tofu dans un plat peu profond.

Dans un petit bol, mélanger la sauce Tamari, les huiles d'olive et de sésame, le gingembre, l'ail et l'eau. Verser sur le tofu et laisser macérer pendant 1 heure.

Monter chaque brochette en alternant les légumes et 3 cubes de tofu, terminer avec une tomate cerise.

Placer les brochettes sur la grille du bas et dorer sur un feu moyen-doux pendant 10 à 12 minutes. Tourner les brochettes pendant la cuisson et badigeonner de sauce.

Cuisson au four : sur une grande plaque huilée, 200 °C (400 °F), sur la grille du centre, pendant 12 à 15 minutes.

On peut remplacer le tofu par du Tempeh grillé au Tamari (voir la recette à la page 132).

Servir sur un nid de millet, de couscous, de riz ou de nouilles fines et arroser de Sauce brune (voir la recette à la page 148).

Toujours appréciées, ces brochettes !

Brochettes de pommes de terre et de saucisses au tofu

À la québécoise.

25 minutes | 10 à 15 minutes | 6 portions

Ingrédients :

12 pommes de terre grelots

6 saucisses au tofu, chacune coupée en 3

1 à 2 oignons espagnols, coupés en gros morceaux

12 pois mange-tout ou plus

Huile d'olive

Sel de mer, au goût

1 pincée de sarriette ou de basilic

Préparation :

Faire tremper les brochettes de bois dans de l'eau froide pendant 30 minutes avant la cuisson.

Laver et brosser les pommes de terre. Cuire dans un peu d'eau avec la pelure jusqu'à mi-cuisson. Égoutter et laisser refroidir.

Monter les brochettes en alternant avec les morceaux de saucisses, de pommes de terre et de légumes. Badigeonner d'un mélange d'huile, de sel et de sarriette ou de basilic.

Placer les brochettes sur la grille du bas et cuire à feu moyen environ 10 minutes. Tourner les brochettes pendant la cuisson, badigeonner souvent avec le mélange d'huile.

Cuisson au four: sur une grande plaque huilée, 200 °C (400 °F), sur la grille du bas, environ 12 minutes.

Variante : On peut remplacer les grelots par des cubes de patates douces.

Servir sur un nid d'épinards, de salade verte ou de fèves germées cuites. Arroser de Sauce à la moutarde de Dijon (voir la recette à la page 183).

Étonnant, ce régal de la nature !

Brochettes de tofu et d'ananas

Un mets aussi beau que bon.

20 minutes | 10 minutes | 6 portions

Ingrédients:

125 ml (½ tasse) de concentré de jus d'ananas congelé non sucré

30 ml (2 c. à soupe) d'huile de tournesol

225 g (8 oz, ½ bloc) de tofu, coupé en cubes de grosseur moyenne

½ oignon rouge, coupé en gros morceaux

½ poivron jaune, coupé en morceaux

½ poivron orange, coupé en morceaux

½ ananas frais, pelé et coupé en cubes

Raisins rouges ou cerises fraîches

Préparation:

Faire tremper les brochettes de bois dans de l'eau froide pendant 30 minutes avant la cuisson.

Mélanger le concentré de jus d'ananas et l'huile. Réserver.

Enfiler le tofu, les légumes et les cubes d'ananas en alternance. Terminer avec un raisin rouge ou une cerise fraîche dénoyautée.

Cuire sur la grille du bas à feu moyen-doux pendant une dizaine de minutes. Tourner les brochettes en les badigeonnant souvent avec le mélange de jus d'ananas et d'huile.

Cuisson au four: sur une grande plaque huilée, 200 °C (400 °F), sur la grille du centre, 8 à 10 minutes.

Servir sur du riz basmati ou du quinoa, arroser de Sauce fruitée (voir la recette à la page 204).

Un p'tit goût tropical vraiment exquis!

Brochettes de fruits grillés

Un excellent concentré de sucre naturelle

12 minutes 7 minutes 6 portions

Ingrédients:

30 ml (2 c. à soupe) d'huile de tournesol

85 ml (⅓ tasse) de concentré de jus de pommes congelé non sucré

2 à 3 abricots frais, dénoyautés et coupés en 2

2 à 3 prunes, dénoyautées et coupées en 2

2 pêches, dénoyautées et coupées en 4

2 bananes, coupées en gros morceaux

1 à 2 pommes, coupées en gros morceaux

12 raisins verts

Préparation:

Dans un petit bol, mélanger l'huile et le concentré de jus de pommes.

Faire tremper les bâtonnets dans de l'eau froide pendant 30 minutes.

Monter les brochettes en alternant les couleurs et à l'aide d'un pinceau, badigeonner avec le mélange d'huile et de concentré de jus de pommes.

Cuire à feu moyen-doux pendant 5 à 7 minutes, tourner et badigeonner souvent les brochettes durant la cuisson. Les fruits doivent être chauds, encore croquants et légèrement dorés.

Cuisson au four: sur une grande plaque huilée, 190 °C (375 °F), sur la grille du centre, environ 7 minutes.

Ces brochettes peuvent être servies telles quelles ou déposées sur des pommes ou des poires râpées et arrosées de Sauce fruitée (voir la recette à la page 204).

Variante: Les raisins verts peuvent être remplacés par des cerises rouges fraîches et dénoyautées ou des kiwis coupés en morceaux.

Ces brochettes peuvent remplacer une salade avant le repas, servir de dessert et même de collation.

Tartinade de tofu et de tahini

Une tartinade végé au goût bien rehaussé.

10 minutes

6 à 8 portions

Ingrédients :

454 g (16 oz, 1 bloc) de tofu, coupé en cubes

30 ml (2 c. à soupe) de tahini (beurre de sésame)

1 citron, le jus

30 ml (2 c. à soupe) de sauce Tamari

15 ml (1 c. à soupe) d'huile d'olive

1 à 2 gousses d'ail

1 oignon vert, haché finement,

½ branche de céleri, hachée

1 poivron rouge, haché finement

5 ml (1 c. à thé) de curcuma

5 ml (1 c. à thé) de moutarde sèche ou de Dijon

Sel de mer et poivre de Cayenne, au goût

Préparation :

Au robot culinaire, réduire tous les ingrédients jusqu'à l'obtention d'une texture granuleuse.

Cette tartinade est complète en protéines, elle est idéale en sandwich avec de la laitue, de la luzerne et des carottes râpées, ou sur des craquelins.

Servir avec une généreuse salade verte.

Sauce brune

Idéale, quel que soit le repas.

5 minutes | 8 minutes | 250 ml (1 tasse)

Ingrédients:

½ oignon, émincé

30 ml (2 c. à soupe) d'huile de tournesol ou autre

250 ml (1 tasse) d'eau

190 ml (¾ tasse) de jus de légumes ou de tomates

5 ml (1 c. à thé) de miso

15 ml (1 c. à soupe) de sauce Tamari

30 ml (2 c. à soupe) de levure alimentaire

30 ml (2 c. à soupe) de tapioca moulu

5 ml (1 c. à thé) d'origan ou d'estragon

15 ml (1 c. à soupe) de basilic

Poivre de Cayenne, au goût

Préparation:

Dans une petite casserole, faire revenir l'oignon dans l'huile, à feu doux, juste assez pour le ramollir. Ajouter tous les autres ingrédients. Porter à ébullition, baisser le feu et laisser mijoter de 3 à 4 minutes en remuant de temps à autre.

Loin d'être fade, cette sauce veloutée rehausse la saveur des brochettes, des légumes, des croquettes et des pâtés.

Ah! Les p'tits secrets d'une sauce piquante.

Les croquettes (végé burgers)

Sauce d'assaisonnement

Pour rehausser les saveurs.

2 minutes

85 ml (⅓ tasse)

Ingrédients :

65 ml (¼ tasse) de ketchup aux tomates

30 ml (2 c. à soupe) d'huile au choix

15 ml (1 c. à soupe) de sauce Tamari

Poivre de Cayenne, au goût

Préparation :

Dans un petit bol, mélanger tous les ingrédients avec une fourchette.

Badigeonner les croquettes et les végé burgers avant et pendant la cuisson.

Cette sauce est délicieuse, même sur du pain grillé ou des croûtons.

Variante : On peut remplacer le ketchup aux tomates par de la moutarde de Dijon ou les mélanger moitié-moitié.

Un assaisonnement passe-partout.

Croquettes au riz et aux graines de tournesol

Une excellente façon de faire des végé burgers.

25 minutes | 15 minutes | 12 portions

Ingrédients:

500 ml (2 tasses) de riz basmati, cuit

1 carotte, râpée finement

½ oignon, haché finement

125 ml (½ tasse) de graines de tournesol, moulues

45 ml (3 c. à soupe) d'huile de tournesol ou d'olive

60 ml (4 c. à soupe) de sauce Tamari

30 ml (2 c. à soupe) de levure alimentaire

45 ml (3 c. à soupe) de pâte de tomates

2 ml (½ c. à thé) de clou de girofle

10 ml (2 c. à thé) de basilic

5 ml (1 c. à thé) de poudre d'ail

Sel de mer et poivre de Cayenne, au goût

Semoule de maïs ou chapelure

Préparation:

Au robot culinaire, broyer tous les ingrédients, sauf la semoule de maïs ou la chapelure jusqu'à l'obtention d'une texture granuleuse. Former les croquettes. Enrober chaque croquette de semoule de maïs ou de chapelure.

Préchauffer le barbecue à puissance moyenne.

Huiler la grille à petits trous ou une assiette à pizza trouée, puis griller les croquettes environ 5 minutes de chaque côté. Badigeonner avec de l'huile ou de la Sauce d'assaisonnement (voir la recette à la page 152) durant la cuisson.

Cuisson sur la cuisinière: dans un poêlon avec un peu d'huile, faire dorer les croquettes de chaque côté environ 5 minutes.

Les croquettes cuites se conservent 3 mois au congélateur. On peut les décongeler à la chaleur du barbecue ou du four.

Burgers au quinoa et au sarrasin

Des burgers sans viande.

25 minutes 25 minutes 10 portions

Ingrédients :

190 ml (¾ tasse) de quinoa

190 ml (¾ tasse) de sarrasin

1 l (4 tasses) d'eau

5 ml (1 c. à thé) de sel de mer

1 oignon, haché

2 carottes, râpées

2 gousses d'ail, hachées

85 ml (¼ tasse) d'huile de tournesol ou d'olive

125 ml (½ tasse) de graines de tournesol, moulues

45 ml (3 c. à soupe) de sauce Tamari

15 ml (1 c. à soupe) de tahini

30 ml (2 c. à soupe) de levure alimentaire

45 ml (3 c. à soupe) de pâte de tomates

15 ml (1 c. à soupe) de basilic ou de coriandre

Poivre de Cayenne, au goût

Semoule de maïs ou chapelure

Préparation :

Rincer le quinoa et le sarrasin. Cuire dans l'eau et le sel de mer environ 10 à 12 minutes.

Rincer à l'eau froide. Égoutter.

Au robot culinaire, broyer tous les ingrédients, à l'exception de la semoule de maïs ou de la chapelure, jusqu'à l'obtention d'une texture granuleuse.

Former des croquettes et les enrober de semoule de maïs ou de chapelure.

Préchauffer le barbecue à puissance moyenne.

Huiler la grille à petits trous ou une assiette à pizza trouée, puis faire dorer environ 7 minutes de chaque côté. Tourner et badigeonner avec de l'huile ou avec la Sauce d'assaisonnement (voir la recette à la page 152) pendant la cuisson.

Cuisson au four: 230 °C (450 °F), sur la grille du centre, 10 minutes de chaque côté.

Servir dans des Petits pains à hamburgers (voir la recette à la page 118) ou autres pains de votre choix, accompagner d'une bonne salade ou de légumes en papillote.

Ces croquettes, cuites, se conservent 2 mois au congélateur. Il est très important de les décongeler à la chaleur du barbecue ou du four pour éviter qu'elles ne se brisent.

Végé burgers au tofu

Un excellent substitut de viande.

20 minutes | 20 minutes | 6 portions

Ingrédients :

500 ml (2 tasses) de tofu, coupé en dés

1 oignon, haché

2 gousses d'ail, hachées

45 ml (3 c. à soupe) d'huile d'olive

250 ml (1 tasse) de protéine de soya texturée

5 ml (1 c. à thé) de miso

125 ml (½ tasse) de boisson de soya ou d'amande

65 ml (¼ tasse) de sauce Tamari

15 ml (1 c. à soupe) de moutarde de Dijon

65 ml (¼ tasse) de pâte de tomates

45 ml (3 c. à soupe) de farine de riz ou autre

65 ml (¼ tasse) de levure alimentaire

2 ml (½ c. à thé) de thym

5 ml (1 c. à thé) de basilic

Poivre de Cayenne, au goût

Préparation :

Au robot culinaire, réduire le tofu jusqu'à consistance granuleuse. Réserver.

Dans une poêle, faire revenir l'oignon et l'ail dans l'huile à feu doux environ 5 minutes. Dans un bol, mélanger tous les ingrédients. Façonner en croquettes.

Les croquettes sont plus fermes quand elles ont été préparées une journée à l'avance.

Préchauffer le barbecue à puissance moyenne.

Huiler la grille à petits trous ou une assiette à pizza trouée et y déposer les croquettes. Griller de chaque côté environ 7 minutes en tournant au cours de la cuisson. Badigeonner avec de l'huile ou de la Sauce d'assaisonnement pour croquettes (voir la recette à la page 152).

Cuisson au four : 230 °C (450 °F), sur la grille du centre, 10 minutes de chaque côté.

Pour se régaler lors d'un bon festin en plein air… ou en tout temps de l'année !

Tofu sur le gril

Tendre et savoureux.

2 à 3 heures | 10 minutes | 12 tranches

Ingrédients:

454 g (16 oz, 1 bloc) de tofu, coupé en 12 tranches

85 ml (⅓ tasse) de sauce Tamari

85 ml (⅓ tasse) d'eau

45 ml (3 c. à soupe) d'huile d'olive

15 ml (1 c. à soupe) de vinaigre de cidre

1 gousse d'ail, hachée

15 ml (1 c. à soupe) de gingembre, râpé

Poivre de Cayenne, au goût

Préparation:

Dans un bol, mélanger tous les ingrédients à l'exception du tofu. Verser dans un bol carré avec couvercle.

Ajouter les tranches de tofu et laisser macérer pendant 2 à 3 heures tout en tournant le bol délicatement.

Cuire directement sur le gril 2 à 3 minutes de chaque côté.

Cuisson sur la cuisinière: dans une poêle antiadhésive avec de l'huile d'olive, dorer en les tournant de temps en temps, environ 3 minutes de chaque côté.

Ce tofu est délicieux dans des pains hamburgers ou dans des sandwichs garnis de tomate, de luzerne et d'oignon. On peut aussi le servir en toute simplicité avec de bons légumes cuits et une sauce brune.

Végé burgers à l'avoine et aux carottes

L'avoine donne un goût d'amande tout à fait exquis!

20 minutes | 20 minutes | 6 portions

Ingrédients :

250 ml (1 tasse) de flocons d'avoine

5 ml (1 c. à thé) de sel de mer

250 ml (1 tasse) de boisson de soya ou d'amande

45 ml (3 c. à soupe) d'huile de tournesol

250 ml (1 tasse) de carottes, râpées

1 oignon, haché

1 branche de céleri, hachée

30 ml (2 c. à soupe) de sauce Tamari

15 ml (1 c. à soupe) de pâte de tomates

5 ml (1 c. à thé) de moutarde de Dijon

30 ml (2 c. à soupe) de raisins secs

250 ml (1 tasse) de flocons de maïs de type Corn Flakes, émiettés

1 soupçon de clou de girofle et de cannelle

Sel de mer et poivre de Cayenne, au goût

Préparation :

Dans une casserole, porter à ébullition les flocons d'avoine, le sel de mer et la boisson de soya ou d'amande. Cuire à feu doux, environ 3 minutes, jusqu'à l'obtention d'une pâte très épaisse. Laisser refroidir.

Verser l'huile dans une poêle et y faire revenir les carottes, l'oignon et le céleri environ 5 minutes.

Mélanger les deux préparations et ajouter le reste des ingrédients.

Préchauffer le barbecue à puissance moyenne.

Huiler la grille à petits trous ou une assiette à pizza trouée, griller les burgers environ 7 minutes de chaque côté. Badigeonner avec de l'huile ou de la Sauce d'assaisonnement (voir la recette à la page 152).

Cuisson au four : 230 °C (450 °F), 10 minutes de chaque côté.

Tout simplement exquis!

Burgers de tofu à l'orange

Une judicieuse façon de servir le tofu.

15 minutes 15 minutes 6 portions

Ingrédients :

500 ml (2 tasses) de tofu, coupé en cubes

125 ml (½ tasse) de protéine de soya texturée

30 ml (2 c. à soupe) d'huile d'olive

5 ml (1 c. à thé) d'huile de sésame grillé

15 ml (1 c. à soupe) de vinaigre balsamique

½ oignon, émincé

45 ml (3 c. à soupe) de graines de sésame

85 ml (⅓ tasse) de concentré de jus d'orange congelé

125 ml (½ tasse) de graines de tournesol, moulues

5 ml (1 c. à thé) d'estragon

Sel de mer et poivre de Cayenne, au goût

Préparation :

Dans un bol, mélanger le tofu, la protéine de soya, les huiles d'olive et de sésame ainsi que le vinaigre balsamique. Au robot culinaire, réduire ces ingrédients jusqu'à l'obtention d'une consistance granuleuse. Retirer du robot culinaire et dans un bol, mélanger tous les ingrédients à la main.

Préchauffer le barbecue à puissance moyenne.

Huiler la grille à petits trous ou une assiette à pizza trouée et faire griller les burgers 7 minutes de chaque côté. Badigeonner avec de l'huile ou de la Sauce d'assaisonnement (voir la recette à la page 152).

Cuisson au four : 230 °C (450 °F), sur la grille du centre, 10 minutes de chaque côté.

Les saveurs d'orange et de vinaigre balsamique rehaussent divinement ces burgers.

Croquettes de tofu et de patates douces

Différentes et tellement savoureuses.

25 minutes 15 à 20 minutes 17 croquettes

Ingrédients :

454 g (16 oz, 1 bloc) de tofu, coupé en cubes

3 moyennes pommes de terre sucrées, coupées en cubes

15 ml (1 c. à soupe) de miso

1 oignon, coupé en morceaux

1 branche de céleri, émincée

45 ml (3 c. à soupe) d'huile de tournesol ou autre

65 ml (¼ tasse) de boisson d'amande ou de soya

65 ml (¼ tasse) de sauce Bragg ou sauce tamari

125 ml (½ tasse) de lait de coco

190 ml (¾ tasse) de flocons d'avoine

15 ml (1 c. à soupe) de vinaigre de cidre

Sel de mer et poivre de Cayenne, au goût

Chapelure ou semoule de maïs

Préparation :

Au robot culinaire, réduire tous les ingrédients en purée, sauf la chapelure ou la semoule de maïs. Ajouter un peu de flocons d'avoine si la préparation est trop collante. Former des croquettes et les enrober de chapelure ou de semoule de maïs.

Préchauffer le barbecue à puissance moyenne.

Huiler la grille à petits trous ou une assiette à pizza trouée, griller les croquettes environ 7 minutes de chaque côté.

Cuisson sur la cuisinière : dans une poêle avec une petite quantité d'huile, environ 7 minutes de chaque côté.

Cuisson au four : 220 °C (425 °F), sur la grille du centre, pendant 20 minutes. Tourner après 10 minutes de cuisson et badigeonner.

Très populaires auprès des enfants, ces croquettes sont vraiment savoureuses telles quelles ou dans des pains hamburgers garnis de délicieux petits légumes, d'une sauce à salade ou de moutarde de Dijon.

Les desserts

Crêpes à la semoule de maïs et aux bleuets

Tellement appétissantes.

5 minutes | 25 minutes | 16 portions

Ingrédients:

250 ml (1 tasse) d'eau

125 ml (½ tasse) de boisson d'amande ou de soya

65 ml (¼ tasse) de sucre doré

45 ml (3 c. à soupe) d'huile de tournesol

5 ml (1 c. à thé) d'essence de vanille

250 ml (1 tasse) de semoule de maïs

315 ml (1¼ tasse) de farine de blé à pâtisserie

1 pincée de sel de mer

5 ml (1 c. à thé) de levure chimique

1 ml (¼ c. à thé) de bicarbonate de soude

500 ml (2 tasses) de bleuets frais ou surgelés

Préparation:

Au mélangeur, réduire tous les ingrédients en crème à l'exception des bleuets. Retirer du mélangeur. Ajouter les bleuets en mélangeant délicatement.

Préchauffer le barbecue à chaleur moyenne, 10 minutes avant la cuisson.

À l'aide d'une cuillère, de façon à faire de petites crêpes, étendre une mince couche du mélange dans une poêle à crêpes antiadhésive.

Cuire les crêpes environ 2 à 3 minutes de chaque côté ou jusqu'à ce qu'elles soient bien dorées.

Cuisson sur la cuisinière: dans un poêlon antiadhésif avec un peu d'huile, cuire environ 2 à 3 minutes de chaque côté ou jusqu'à ce qu'elles soient dorées.

Servir telles quelles ou garnir avec un coulis de framboises ou de fraises, des tranches de bananes et de chocolat noir fondant.

Gâteau aux pommes et aux épices

Le goût et le parfum de pommes et d'épices.

10 minutes 25 minutes 8 portions

Ingrédients :

65 ml (¼ tasse) d'huile de tournesol

1 banane mûre, écrasée à la fourchette

500 ml (2 tasses) de compote de pommes non sucrée

250 ml (1 tasse) de raisins secs dorés ou au choix

5 ml (1 c. à thé) d'essence de vanille

500 ml (2 tasses) de farine de blé à pâtisserie

1 pincée de sel de mer

5 ml (1 c. à thé) de bicarbonate de soude

2 ml (½ c. à thé) de levure chimique

5 ml (1 c. à thé) de cannelle

5 ml (1 c. à thé) de muscade

2 ml (½ c. à thé) de clou de girofle

125 ml (½ tasse) de noix de Grenoble, hachées

Préparation :

Dans un bol, mélanger à la fourchette l'huile, la banane, la compote de pommes, les raisins secs et l'essence de vanille. Ajouter le reste des ingrédients et mélanger à nouveau délicatement. Verser cette pâte dans un moule tubulaire huilé ou un moule à gâteau de 20 cm × 20 cm (8 po × 8 po).

Préchauffer le barbecue à feu moyen-doux.

Cuire sur la grille du haut environ 25 minutes en surveillant afin d'éviter que le gâteau brûle. Le couvercle du barbecue doit demeurer fermé. Tourner le moule d'un demi-tour à la mi-cuisson.

Cuisson au four : 180 °C (350 °F), sur la grille du centre, environ 25 minutes.

La Sauce aux pommes (voir la recette à la page 200) ou un coulis accompagne très bien ce gâteau.

Savoureux et onctueux.

Pouding aux fraises et à la rhubarbe

Sans sucre et tout à fait dé-lec-table.

15 minutes · 35 minutes · 6 portions

1re partie

Ingrédients :

500 ml (2 tasses) de fraises fraîches ou surgelées, coupées en 4

500 ml (2 tasses) de rhubarbe fraîche ou surgelée, coupée en petits morceaux

190 ml (¾ tasse) de concentré de jus de pommes congelé non sucré

8 abricots séchés, hachés

125 ml (½ tasse) de jus de pommes non sucré

45 ml (3 c. à soupe) de tapioca moulu

Préparation :

Cuire tous les ingrédients à feu doux environ 10 minutes en remuant constamment. Verser cette préparation dans un moule assez profond de 20 cm × 20 cm (8 po × 8 po). Réserver.

2e partie

Ingrédients :

65 ml (¼ tasse) d'huile de tournesol

85 ml (⅓ tasse) de concentré de jus d'orange congelé non sucré

125 ml (½ tasse) de boisson de soya ou d'amande

500 ml (2 tasses) de farine de blé à pâtisserie

5 ml (1 c. à thé) de levure chimique

5 ml (1 c. à thé) de bicarbonate de soude

Sel de mer, au goût

Préparation :

Dans un bol, battre avec une fourchette l'huile, le concentré de jus d'orange, la boisson de soya ou d'amande. Ajouter le reste des ingrédients et bien mélanger sans trop remuer. Verser cette pâte par cuillerées sur la première préparation.

Préchauffer le barbecue à feu moyen-doux.

Cuire sur la grille du haut environ 25 minutes. Le couvercle doit être fermé. Surveiller la cuisson. Si le pouding grille trop rapidement, le couvrir d'une feuille de papier d'aluminium. Tourner le moule d'un demi-tour à la mi-cuisson.

Cuisson au four : au centre du four, 190 °C (375 °F), environ 25 minutes.

Tout un délice servi chaud, tel quel ou accompagné d'une crème fouettée au lait de coco ou autre.

Tous raffolent de ce pouding.

Sauce au chocolat

Simple et facile à préparer.

2 minutes | 8 à 10 minutes | 250 ml (1 tasse)

Ingrédients :

200 g ou 375 ml (1½ tasse) de chocolat noir mi-sucré, concassé

175 ml (⅔ tasse) de boisson d'amande à la vanille

15 ml (1 c. à soupe) de beurre d'amande

45 ml (3 c. à soupe) de sirop d'érable

5 ml (1 c. à thé) d'essence de vanille

Sel de mer, au goût

Préparation :

Déposer tous les ingrédients dans un poêlon à revêtement antiadhésif.

Chauffer sur le gril à feu très doux ou sur la cuisinière jusqu'à l'obtention d'une consistance homogène et crémeuse, soit environ 8 à 10 minutes, en remuant constamment.

Note : Pour un goût un peu plus sucré, augmenter la quantité de sirop d'érable.

Cette sauce est excellente avec la Brochette de fruits (voir la recette à la page 144) ou le dessert de votre choix, ou simplement pour tremper des fruits frais ou grillés au barbecue.

Imaginez une fondue au chocolat santé !

Banane au chocolat ou à la caroube

Une bonne façon de se sucrer le bec.

2 minutes 5 minutes 1 à 2 portions

Ingrédients:

Banane, pelée

Brisures de chocolat mi-sucré ou brisures de caroube non sucrée

Beurre d'arachide crémeux non sucré

Filet de sirop d'érable

Préparation:

Couper la banane en tranches et les étendre sur 1 feuille de papier d'aluminium à double épaisseur. Garnir de brisures de chocolat ou de caroube. Fermer la papillote. Cuire sur le gril à feu doux environ 5 minutes.

Variante: Couper la banane sur la longueur. Étendre du beurre d'arachide. Garnir d'un filet de sirop d'érable.

Comme collation ou pour dessert, ce plat se prépare en un clin d'œil.

Toute une gâterie!

Tarte aux framboises

La fraîcheur estivale des framboises.

5 minutes | 20 minutes | 6 portions

Ingrédients :

1 Fond de tarte (voir la recette à la page 184)

45 ml (3 c. à soupe) de tapioca moulu

875 ml (3½ tasses) de framboises, fraîches ou surgelées

85 ml (⅓ tasse) de sucre doré

Préparation :

Saupoudrer le fond de tarte de tapioca moulu, ajouter les framboises. Garnir de sucre doré. Recouvrir ou non d'une abaisse dont vous aurez pris soin d'y faire plusieurs incisions.

Cuire sur la grille du haut à feu moyen-doux environ 20 minutes. S'assurer que la croûte ne cuise pas trop rapidement. Couvrir de papier d'aluminium au besoin.

Cuisson au four : 190 °C (375 °F), sur la grille du centre, 20 minutes.

Variante : Les framboises peuvent être remplacées par des fraises ou des morceaux de pêche ou de poire.

Un dessert divin avec de bons fruits de chez nous.

Pizza aux fruits

Savoureuse et si colorée.

20 minutes | 20 minutes | 6 portions

Ingrédients :

625 ml (2½ tasses) de farine de blé mou

65 ml (¼ tasse) de sucre doré

85 ml (⅓ tasse) d'huile de tournesol

85 ml (⅓ tasse) d'eau

250 ml (1 tasse) de tofu soyeux

125 ml (½ tasse) d'abricots séchés, hachés

5 ml (1 c. à thé) d'essence de vanille

85 ml (⅓ tasse) de noix de coco

85 ml (⅓ tasse) d'eau

30 ml (2 c. à soupe) de sirop d'érable

Fruits frais

Préparation :

Dans un bol, mélanger la farine, le sucre, l'huile et l'eau. Presser ce mélange dans une petite assiette à pizza huilée de 20 cm (8 po). Réserver.

Au mélangeur, réduire le reste des ingrédients en crème à l'exception des fruits frais. Verser le mélange sur la pâte.

Préchauffer le barbecue à feu moyen-doux.

Cuire sur la grille du haut, le couvercle fermé, environ 20 minutes. Tourner l'assiette pendant la cuisson. Laisser refroidir.

Garnir avec les fruits de votre choix.

Cuisson au four : 180 °C (350 °F,) sur la grille du centre, pendant 20 minutes.

Vous pouvez servir cette pizza telle quelle ou avec le Coulis à l'orange et aux abricots (voir la recette à la page 202).

La douceur et la beauté de cette pizza vous surprendront.

Tout à fait exquise !

Pâte à tarte citronnée

Une pâte différente, au goût frais et léger.

5 minutes — 10 minutes — 2 abaisses (1 tarte)

Ingrédients :

85 ml (⅓ tasse) d'huile de tournesol

125 ml (½ tasse) d'eau

30 ml (2 c. à soupe) de jus de citron

5 ml (1 c. à thé) de sel de mer

500 ml (2 tasses) de farine de blé à pâtisserie

5 ml (1 c. à thé) de levure chimique

Préparation :

Dans un bol, mélanger à la fourchette l'huile, l'eau, le jus de citron et le sel de mer. Ajouter délicatement la farine et la levure chimique dans la préparation liquide. Ne pas trop brasser afin que la pâte reste tendre.

Cette pâte à tarte est très facile à faire et bien agréable au goût.

Tarte aux poires

Douce et onctueuse.

10 minutes 25 minutes 6 portions

Ingrédients :

Pâte à tarte citronnée (voir la recette à la page 184) ou autre

6 poires, coupées en tranches

85 ml (⅓ tasse) de sucre doré

30 ml (2 c. à soupe) de farine de blé à pâtisserie

10 ml (2 c. à thé) de jus de citron

Sucre doré ou flocons d'érable

Préparation :

Rouler la pâte à tarte et la déposer dans une assiette à tarte de 22 cm (9 po).

Dans un grand bol, mélanger les poires, le sucre, la farine et le jus de citron. Verser dans le moule à tarte et garnir de sucre doré ou de flocons d'érable. Une deuxième abaisse, avec plusieurs incisions, peut recouvrir cette tarte.

Préchauffer le barbecue à feu moyen-doux.

Cuire pendant 20 minutes sur la grille supérieure du barbecue, le couvercle fermé. Pour une cuisson plus uniforme, tourner l'assiette à tarte à quelques reprises durant la cuisson.

Cuisson au four : 180 °C (350 °F), sur la grille du centre, pendant 20 à 25 minutes.

Variante : Remplacer les poires par des pêches, des framboises, des fraises ou des bleuets.

Les poires sont si bonnes et si nourrissantes.

Tarte aux prunes

Une invitation irrésistible.

10 minutes 20 minutes 6 portions

Ingrédients:

Pâte à tarte citronnée (voir la recette à la page 184)

6 prunes noires, dénoyautées et coupées en quatre

250 ml (1 tasse) de jus de pommes non sucré

125 ml (½ tasse) de beurre de pomme

30 ml (2 c. à soupe) de sirop d'érable

45 ml (3 c. à soupe) de tapioca moulu

Préparation:

Rouler la pâte et déposer dans une assiette à tarte de 22 cm (9 po).

Dans une casserole, mélanger les autres ingrédients et faire cuire à feu doux pendant 8 à 10 minutes. Verser sur la pâte à tarte et couvrir d'une autre abaisse abondamment entaillée.

Préchauffer le barbecue à chaleur moyenne-douce.

Cuire sur la grille du haut environ 20 minutes, le couvercle fermé.

Cuisson au four: 180 °C (350 °F), sur la grille du centre, pendant 20 minutes.

Note: On peut ajouter 175 ml (⅔ tasse) de framboises à cette recette.

Un vrai plaisir durant la saison estivale, et si bonne pour la santé.

Muffins aux bleuets et au citron

Un agréable parfum de bleuets et de citron.

10 minutes 25 minutes 10 portions

Ingrédients:

250 ml (1 tasse) d'abricots séchés

250 ml (1 tasse) d'eau chaude

65 ml (¼ tasse) d'huile de tournesol

1 ml (¼ c. à thé) de sel de mer

5 abricots séchés, hachés

15 ml (1 c. à soupe) de jus de citron frais

5 ml (1 c. à thé) de zeste de citron, râpé

440 ml (1¾ tasse) de farine de blé à pâtisserie

5 ml (1 c. à thé) de bicarbonate de soude

5 ml (1 c. à thé) de levure chimique

375 ml (1½ tasse) de bleuets, frais ou surgelés

Préparation:

Au mélangeur, réduire en purée les 4 premiers ingrédients. Dans un bol, mélanger cette préparation avec les abricots séchés hachés, le jus et le zeste de citron. Ajouter la farine de blé, le bicarbonate de soude et la levure chimique. Mélanger délicatement avec une fourchette, puis incorporer les bleuets sans les écraser. Verser dans des moules à muffins huilés.

Préchauffer le barbecue à feu moyen-doux.

Cuire sur la grille du haut, le couvercle fermé, environ 25 minutes.

Pour une cuisson plus uniforme, tourner le moule d'un demi-tour à la mi-cuisson.

Cuisson au four: 190 °C (375 °F), sur la grille du centre, pendant 20 à 25 minutes.

Toujours appréciés, ces muffins sont délicieux au petit déjeuner ou en collation.

Muffins aux framboises et aux ananas

Une délicate saveur de framboises et d'ananas.

15 minutes | 25 minutes | 10 portions

Ingrédients:

375 ml (1½ tasse) de dattes, dénoyautées

375 ml (1½ tasse) d'eau tiède

5 ml (1 c. à thé) d'essence de vanille

5 ml (1 c. à thé) de bicarbonate de soude

65 ml (¼ tasse) d'huile de tournesol

500 ml (2 tasses) de farine de blé à pâtisserie

10 ml (2 c. à thé) de levure chimique

250 ml (1 tasse) de framboises fraîches ou surgelées

250 ml (1 tasse) d'ananas bien mûr ou en conserve sans sucre ajouté, haché

Préparation:

Au mélangeur, réduire en crème les 5 premiers ingrédients. Réserver.

Dans un bol, mélanger la farine et la levure chimique et incorporer à la première préparation. Ajouter délicatement les framboises et les ananas, à la fourchette, sans trop brasser.

Remplir aux ¾ des moules à muffins huilés.

Préchauffer le barbecue à feu moyen-doux.

Cuire sur la grille du haut environ 25 minutes, le couvercle fermé. Pour une cuisson plus uniforme, tourner le moule à la mi-cuisson.

Cuisson au four: 190 °C (375 °F), sur la grille du centre, environ 25 minutes.

Note: Pour des muffins plus sucrés, ajouter 65 ml (¼ tasse) de sucre doré ou 65 ml (¼ tasse) de dattes hachées ou de raisins secs.

Ces muffins se congèlent, il suffit de les réchauffer au four pendant quelques minutes à la sortie du congélateur.

Un vrai régal en tout temps!

Pommes dorées

Quelle odeur alléchante.

12 minutes 20 minutes 4 portions

Ingrédients :

4 pommes à cuire (Cortland ou McIntosh), épépinées

85 ml (⅓ tasse) de sucre doré

1 soupçon de cannelle

45 ml (3 c. à soupe) de raisins secs

Huile de tournesol

Préparation :

Déposer chaque pomme sur un carré de papier d'aluminium à double épaisseur.

Dans un bol, mélanger le sucre doré, la cannelle et les raisins secs. Remplir la cavité qui contenait le cœur de la pomme avec ce mélange. Verser un petit filet d'huile sur chaque pomme. Fermer chaque papillote.

Préchauffer le barbecue à feu moyen.

Cuire à couvert environ 20 minutes en prenant soin de tourner au cours de la cuisson.

Cuisson au four : 200 °C (400 °F), sur la grille du centre, environ 20 minutes.

Des amours de bonnes pommes !

Un vrai plaisir pour les papilles gustatives !

Rondelles d'ananas glacées

Simplement succulentes!

10 minutes — 5 minutes — 3 à 6 portions

Ingrédients:

6 tranches d'ananas bien mûr ou en conserve sans sucre ajouté

125 ml (½ tasse) de sucre doré

45 ml (3 c. à soupe) de concentré de jus d'ananas congelé non sucré

15 ml (1 c. à soupe) d'huile de tournesol

Préparation:

Dans un petit bol, mélanger le sucre, le concentré de jus d'ananas et l'huile.

Badigeonner les tranches d'ananas avec ce mélange et déposer sur le gril très chaud.

Cuire environ 5 minutes.

Retourner, badigeonner au cours de la cuisson jusqu'à ce que les tranches d'ananas soient bien dorées.

Servir telles quelles ou avec du tofu ou du riz glacé.

Ces tranches d'ananas caramélisées constituent un véritable délice et elles sont prêtes en quelques minutes seulement.

Salade de fruits aux parfums d'été

Délicieuse en saison et colorée.

5 minutes — 2 à 3 portions

Ingrédients :

250 ml (1 tasse) de framboises

250 ml (1 tasse) de bleuets

250 ml (1 tasse) de fraises, coupées en quatre

250 ml (1 tasse) de cerises fraîches, dénoyautées ou de cerises de terre

125 ml (½ tasse) de jus de pommes non sucré

Préparation :

Mélanger tous les fruits délicatement avec le jus de pommes.

Un tonique d'été.

Sauce aux pommes

Savoureuse, simple et légère.

5 minutes | 10 minutes | 750 ml (3 tasses)

Ingrédients :

4 grosses pommes ou 1 l (4 tasses) de pommes, pelées, épépinées et coupées en morceaux

250 ml (1 tasse) de jus de pommes non sucré

45 ml (3 c. à soupe) de concentré de jus de pommes congelé non sucré

30 ml (2 c. à soupe) de beurre de pommes

Préparation :

Dans une casserole, déposer tous les ingrédients et porter à ébullition. Réduire le feu et laisser mijoter 8 à 10 minutes. Laisser tiédir et au mélangeur, réduire en crème.

Cette sauce aux pommes se conserve 3 jours au réfrigérateur.

Servir avec des fruits frais, des muffins, des crêpes ou de la pizza aux fruits.

Coulis à l'orange et aux abricots

Coloré et délicieux.

5 minutes — 5 minutes — 585 ml (2⅓ tasses)

Ingrédients:

500 ml (2 tasses) de jus d'orange pur non sucré

30 ml (2 c. à soupe) de concentré de jus d'orange congelé non sucré

15 ml (1 c. à soupe) de tapioca, moulu

8 abricots séchés, hachés

Préparation:

Dans une petite casserole, déposer tous les ingrédients et porter à ébullition. Réduire le feu et laisser mijoter de 2 à 3 minutes. Refroidir légèrement et au mélangeur, réduire jusqu'à consistance lisse.

Servir sur des brochettes de fruits, des crêpes ou une salade de fruits.

Un coulis léger et désaltérant.

Sauce fruitée

Vite faite!

3 minutes — 5 minutes — 425 ml (1⅔ tasse)

Ingrédients:

250 ml (1 tasse) de jus de fruits de la passion ou de jus de pommes

125 ml (½ tasse) de concentré de jus d'ananas congelé non sucré

85 ml (⅓ tasse) d'eau

30 ml (2 c. à soupe) de tapioca moulu

Cannelle et muscade, au goût

Préparation:

Dans une petite casserole, déposer tous les ingrédients et porter à ébullition. Réduire le feu et laisser mijoter 3 minutes en remuant de temps en temps.

Pour aromatiser les brochettes de fruits, les salades de fruits, les crêpes, les poudings au riz, les gâteaux ou les biscuits.

Toujours de circonstance.

www.ada-inc.com
info@ada-inc.com

www.facebook.com/EditionsAdA

www.twitter.com/EditionsAdA